[illegible]atashya:

Un amigo, un viden[illegible] [illegible]iero de Dios. Rezo para que un día [illegible] tus apariciones; para que lo[illegible] [illegible]guen a todo [illegible] [illegible]a práctica.

Índice

1. *Una voz en la oscuridad*

Al principio no era capaz de ver nada; únicamente era consciente de encontrarme sola en una oscuridad que me resultaba asfixiante. De pronto, como un salvavidas que me arrojaran desde algún lugar más allá de la negrura de la noche, una voz familiar llegó hasta mis oídos; una voz reconfortante de alguien en quien había confiado durante mi infancia. Era la voz de Segatashya, a quien en mi país, Ruanda, se le conoce como «el chico que hablaba con Jesús».

La voz amable de Segatashya me llegó flotando en medio del abismo sin luz, como una brisa suave. La voz, al principio indescifrable, fue convirtiéndose lentamente en palabras que susurraban en voz baja: «Cuando llegue nuestra hora de dejar este mundo nos estará esperando el cielo, pero solo si tenemos un corazón puro y limpio».

De repente, me di cuenta de que debía estar dormida y soñando, porque Segatashya había sido asesinado muchos años atrás. Fue una de las más de un millón de víctimas inocentes masacradas durante el horrible genocidio que tuvo lugar en Ruanda en 1994. Ahora —al menos en el momento en que me metí en la cama esa noche— estábamos a mediados de noviembre de 2010…, así que tenía que estar soñando. Pero si se trataba de un sueño, no se parecía a ninguno de los que había tenido hasta entonces. Lo que experimentaba era tan real e intenso como cualquiera de los momentos vividos en mis horas de vigilia.

De nuevo escuché la voz: «Jesús dice que debemos preparar nuestros corazones para el fin de los tiempos. Todos moriremos algún día, y no debemos vivir nuestras vidas sin ser conscientes de que nuestro tiempo en la tierra llegará a su final. El mismo mundo llegará a su fin, y ese día se acerca rápidamente. Debemos arrepentirnos de todos nuestros pecados antes de que sea demasiado tarde. Debemos pedir que se nos perdonen nuestras ofensas y perdonar de corazón a los que nos han ofendido. Debemos purificar nuestro corazón con el amor de Dios y limpiar nuestra alma con una vida llena de amor y caridad. Debemos preparar nuestras almas para el Día del Juicio. El regreso de Cristo está próximo y solo se nos abrirán las puertas del cielo si el Señor nos juzga dignos de entrar en su reino».

Esas palabras cada vez me resultaban más familiares y me di cuenta de que no solo reconocía la voz, sino que también reconocía ese mensaje en concreto. Había oído a Segatashya recitar exactamente esas mismas frases de advertencia cuando yo era joven.

En mi sueño, me iba elevando sobre la tierra siguiendo el impulso del corazón que tiraba de mí con fuerza hacia la voz, sacándome de la oscuridad e introduciéndome en un círculo de luz dorada. Varias docenas de personas estaban alrededor del centro de la fuente luminosa, todas escuchando atentamente al adolescente que se dirigía a ellos con una urgencia llena de pasión. El joven estaba sentado en un largo banco de madera y su audiencia se apiñaba alrededor. Me daba la espalda, así que no podía verle la cara, pero estaba segura de que se trataba de Segatashya.

La primera vez que le escuché yo tenía doce años y no hay nada en este mundo capaz de borrar de mi memoria el sonido de su voz o el contenido milagroso de sus mensajes. De hecho, estoy totalmente segura de que cualquiera que le haya oído hablar pensará lo mismo que yo, pues una vez que sus palabras llegaban hasta tu corazón, formaban parte de él para siempre.

PARA TODOS AQUELLOS QUE NO HAYAN LEÍDO MI LIBRO, *Nuestra Señora de Kibeho: María habla al mundo desde el corazón de África*, debería explicar que Segatashya era uno de los videntes que recibieron apariciones de la Virgen María —y en el caso de Segatashya, también de Jesucristo— en el remoto pueblo ruandés de Kibeho durante la década de 1980.

En aquellos años había docenas de videntes que decían tener apariciones, pero en mi libro me centro en ocho de ellos, aquellos que la Iglesia consideraba más dignos de crédito, y lo mismo pensaban las decenas de miles de peregrinos que acudían en tropel hasta allí.

En esencia, los videntes nos hacían llegar mensajes de amor, enseñándonos cómo vivir según la voluntad de Dios. Nos decían que si seguíamos los consejos que nos llegaban a través de los mensajes, el mundo sería un lugar más pacífico y prepararíamos mejor nuestras almas para el día en el que nos encontráramos con Jesús al final de nuestros días para dar cuenta de nuestro tiempo en la tierra.

Como se encargaron de aclarar tanto la Virgen María como Jesús, los mensajes de Kibeho tenían una gran urgencia e importancia para todo el mundo. Contenían avisos para Ruanda, para nuestro planeta y para cada una de nuestras almas; avisos sobre las cosas terribles que podrían sobrevenirnos, tanto de modo individual como a los hombres en conjunto, si no abrazábamos el estilo de vida que nos ofrecían Jesús y su Madre, una vida de amor y pureza. Como nuestro Señor le dijo a Segatashya, el mundo se encuentra en muy mal estado y nos esperan días terribles... Aunque lo importante no son los sucesos que nos aguardan, porque si rezamos desde el corazón y hacemos lo correcto, encontraremos paz en este mundo y en el otro.

Yo tenía once años cuando comenzaron las apariciones en Kibeho. Las apariciones que vivieron los videntes, y los mensajes que recibieron y que nos transmitieron, forman parte de mi personalidad de un modo profundo, probablemente más de lo que pueda imaginar. Y ninguno influyó más que Segatashya en aquella adolescente que era yo, con una fe incipiente, y en mi desarrollo espiritual posterior. Su historia personal única y su increíble relación con Jesús, me cautivaron de niña y me siguen cautivando a día de hoy. Estoy segura de que una vez le conozcáis como yo le conozco, a todos os sucederá lo mismo.

Aunque las apariciones de Kibeho son aún poco conocidas —estoy trabajando mucho para cambiar esta situación—, aquellos hechos milagrosos se difundieron por todas las granjas, bosques y selvas de Ruanda. Fue una corriente de energía que recorrió mi patria, con tal poder e intensidad, que los sacerdotes, obispos y arzobispos se vieron obligados a implicarse. ¿Qué otra cosa podían hacer? Un número incontable de ruandeses recorrían cientos de kilómetros a pie, a menudo sin comida ni lugar donde guarecerse, solo para poder entrever a los videntes de Kibeho y participar en los sucesos milagrosos que tenían lugar allí.

Las autoridades eclesiásticas iniciaron una investigación rigurosa sobre el origen y la naturaleza de las apariciones, una investigación que escrutaría y diseccionaría todos y cada uno de los aspectos relacionados con las vidas de los videntes y su entorno. Se creó una comisión de investigación, de la que formaron parte miembros de la curia vaticana, para examinar los hechos sobrenaturales que estaban teniendo lugar en una de las regiones más remotas de África.

En la investigación participaron expertos eclesiásticos, entre los que se incluían renombrados teólogos, científicos, médicos y psiquiatras, y se extendió durante dos décadas. Tras veinte años de examen, la conclusión positiva de la comisión resultó casi tan milagrosa como las propias apariciones.

En noviembre de 2001, el Vaticano aprobó, con un decreto extremadamente excepcional, las apariciones de la Virgen María a tres de las videntes de Kibeho, entre 1981 y 1989. Las tres videntes —Alphonsine, Anathalie y Marie-Claire— eran alumnas del instituto de Kibeho, y fueron las primeras en tener apariciones en la región. De modo oficial, se permitió el culto en el Santuario de Nuestra Señora de los Dolores, lo que convertía las apariciones de Kibeho en las únicas aprobadas por la Iglesia en toda África. El santuario se está convirtiendo en destino de peregrinos de todas partes del mundo, poco a poco, pero de modo constante.

Yo estaba emocionada, más que por el resultado de la investigación, por el hecho de que los mensajes de la Virgen y de su Hijo se difundiesen por todo el mundo, a pesar de haber elegido un país tan remoto... y un lugar contaminado por una masacre como la que tuvo lugar allí. Todo ello era una prueba de que el poder de Dios no tiene límites y de que su amor supera todos los obstáculos.

La aprobación del culto por parte de la Iglesia me inspiró tanto, que me puse manos a las obra y escribí *Nuestra Señora de Kibeho*, que se publicó en 2008. Quería que todo el mundo conociese a los videntes de Kibeho y sus mensajes de amor, paz y esperanza. Deseaba compartir con todos mi amor a la Virgen María. Y quería que todo el mundo viajase a Kibeho para visitar ese lugar santo, donde se sienten de un modo especial la fuera y la pureza del amor.

Estos deseos se han ido convirtiendo en realidad. Hasta la fecha, mi libro se ha traducido a más de diez idiomas y, si Dios quiere, algún día podrá ser leído por cualquier habitante del planeta. Cientos de lectores han viajado hasta Kibeho y eso les ha supuesto un cambio vital. Muchos han experimentado curaciones milagrosas, como un niño pequeño al que conocí, curado del cáncer de huesos que padecía, después de que su abuela rezara el Rosario de los Siete Dolores en la capilla donde la Virgen se aparecía. He acompañado yo misma a docenas de amigos en diversas peregrinaciones desde Estados Unidos hasta Ruanda y he visto de primera mano numerosas conversiones.

Aún así, me daba cuenta que no había hecho justicia a una historia en particular, y que, de algún modo, era la que más quería contar: la historia de Segatashya.

Ya veis, aunque había hablado de cada uno de los ocho videntes principales de Kibeho —incluyendo a Segatashya—, en mi libro, *Nuestra Señora de Kibeho*, me centré en las tres aprobadas por la Iglesia. Tengo mucho respeto a lo que dice la Iglesia y no quiero causar ningún problema, entrando en detalles sobre las visiones y mensajes que la Iglesia aún no ha aprobado. Sus autoridades actúan con mucha precaución en este tipo de situaciones, cuando se trata de reconocer un hecho como milagroso. Cualquier acontecimiento que pueda ser considerado, aunque sea remotamente, como sobrenatural, es estudiado por diversos expertos antes de pronunciar un veredicto sobre su validez o falsedad.

Una de las muchas precauciones, y muy justificadas, que la Iglesia ha de tomar en todo lo relacionado con lo sobrenatural es que el fenómeno en cuestión no sea obra del mismo diablo. Hay que ser precavido, para que lo que puede parecer un milagro del cielo a primera vista, no sea en realidad una estratagema diabólica para confundir a los imprudentes y llevarlos hacia la oscuridad, el pecado y la condenación.

De hecho, como las visiones de Segatashya no habían sido incluidas en el reconocimiento oficial de la Iglesia, me preocupé al principio, por si había alguna sospecha acerca de la autenticidad de sus mensajes. Pero, gracias a Dios, me aseguraron que era todo lo contrario; en realidad, todas las autoridades eclesiásticas familiarizadas con las apariciones de Kibeho tenían a Segatashya en gran estima, tanto a la persona como al vidente. Varias personas de alto nivel en la jerarquía eclesiástica católica de Ruanda me garantizaron personalmente que se investigaron a conciencia todos y cada uno de los mensajes y de las visiones recibidas por Segatashya. Y nadie llegó a tener la más mínima duda sobre la sinceridad de este joven ni sobre la autenticidad de sus encuentros con Jesús o María.

Cuando hablé con uno de los principales investigadores de las apariciones, me dijo:

—Immaculée, todos los miembros de la comisión de investigación que fueron testigos de las apariciones de Segatashya, o que le hicieron pruebas médicas, o que examinaron su estado mental y moral, están absolutamente convencidos de que hablaba con Jesús y con María, y de que sus mensajes venían directamente del cielo.

Y aún más importante, cada uno de los mensajes que nos hizo llegar Segatashya, y todo lo que dijo mientras predicaba la palabra de Dios, apoyan y complementan la doctrina y nunca entran en contradicción con nada de lo que aparece en la Sagrada Escritura. Son aspectos cruciales que hay que tener muy en cuenta cuando se investigan apariciones y videntes… Y Segatashya cumplía los requisitos a la perfección.

—Si cumplía todos los requisitos, ¿por qué no han sido aprobadas de modo oficial las apariciones de Segatashya? —le pregunté.

—Has de tener paciencia, hija mía —me replicó—. A veces, la Iglesia tarda siglos en reconocer un milagro. Y los que se encargan de la investigación sobre Kibeho han aprobado a las primeras videntes de la Virgen María... de hace solo 20 años, lo que ya de por sí es un pequeño milagro. La Iglesia tiene 2000 años y no se precipita en sus conclusiones. Ten paciencia, Immaculée: todas las pruebas que he visto me hacen confiar en que la Iglesia aprobará las apariciones de Segatashya y los mensajes que recibió... En no demasiado tiempo se le reconocerá como un verdadero vidente.

Una vez dicho esto, aún he de dejar claro que los mensajes de Segatashya aún no han sido aprobados por la Iglesia. Pero si escribo estas páginas sobre su sorprendente historia es en calidad de testigo y como verdadera creyente, amén de que siento una obligación personal por compartir su historia con la humanidad.

Y conocer la opinión de estas personas de la jerarquía eclesiástica me hace sentirme más cómoda al dar a conocer los mensajes de Segatashya, para que otras personas puedan hacerse su propia composición de lugar. Confío en que la Iglesia acabe aprobando algún día las apariciones de Segatashya, y que entonces pueda difundirse del todo su historia y el contenido de sus muchos mensajes. Este libro es un primer paso en esa dirección, y saber que muchos lectores podrán conocer su historia, hace que el corazón salte de alegría en mi pecho.

En mis viajes, he conocido a muchas personas que han leído *Nuestra Señora de Kibeho* y que se han conmovido, y me siento muy bien sabiendo que yo he contribuido con mi granito de arena, presentándoles las apariciones de Kibeho. Pero parece ser que Segatashya no estaba tan contento como yo... y dos años después de la publicación de aquel libro, decidió visitarme en sueños para hacerme saber cómo se sentía.

En aquel sueño de hace unos meses observé a distancia cómo Segatashya continuaba difundiendo los mensajes de Jesús a un número creciente de personas que se reunía alrededor de él. Su voz grave y amable se alimentaba de su seriedad. Hablaba deprisa, como si su cabeza tuviera demasiadas cosas que decir en poco tiempo.

Permanecí callada durante un momento en el borde del círculo de luz escuchándole hablar, y mi corazón se inflamaba al oír de nuevo su voz. Entonces entré en la luz y me acerqué a él, abriéndome paso entre la multitud, hasta que llegué hasta él y me senté a su lado en el banco.

Estaba mirando hacia otra parte, pero sabía que era consciente de mi presencia. Nos habíamos conocido varios años antes y tenía claro que me reconocería en cuanto se diera cuenta de que estaba sentada a su lado. También sabía que aunque hubiera estado viviendo en el cielo durante muchos años, debía estar muy contento por mi libro sobre Kibeho. Pero por algún motivo, Segatashya seguía dándome la espalda y no se volvía a saludarme. Tuve el mal presentimiento de que no quería mirarme.

Al final, no puede aguantar más; le puse la mano en el hombro e hice que se volviera suavemente.

—¡Segatashya! —grité—. ¿Qué estás haciendo aquí? ¡Estás muerto! ¿Por qué has vuelto a la vida? ¿No sabes que no puedes hablarle a esa gente? Cuando se den cuenta de que estás muerto, se asustarán de ti, escaparán corriendo, demasiado asustados para escuchar lo que tienes que decirles.

Se me partió el corazón cuando vi la expresión de su rostro. Ese chico al que tanto quería —y que, en vida, siempre tenía una sonrisa en los labios— no parecía nada contento de verme.

—¿Y tú me preguntas que por qué estoy aquí? —me preguntó—. Por una razón muy simple: si nadie va a transmitir mis mensajes al mundo, he de encontrar el modo de hacerlo yo mismo.

Tragué saliva. Se me cerró el estómago cuando me di cuenta de que Segatashya sabía todo sobre mi libro de Kibeho y no le gustaba.

Y de pronto, sin usar palabras, miró en el interior mi corazón y me preguntó:

—Immaculée, ¿por qué estabas tan preocupada de que se reconocieran oficialmente las visiones que tuve mientras estaba en la Tierra? Sabes lo cerca que está la hora de la humanidad, que el fin está próximo. ¿No es más importante contar mi historia, que preocuparse de que alguien de la Tierra dé a mis palabras un sello de aprobación? ¿No es más importante que todos conozcan los mensajes que me hizo llegar Jesús? ¿Hay algo más crucial que difundir con urgencia y cuanto antes esos mensajes que Jesús quiere que todos conozcan, que quiere que conozcan ahora mismo, antes de que sea demasiado tarde?

Entonces Segatashya sonrió y dijo:

—Ya sabes que algunos mensajes son tan importantes que hay que contarlos inmediatamente, sin importar nada más. Algunas cosas son tan urgentes que no pueden esperar aprobación.

Alargó la mano y me tocó el brazo, y me desperté de un salto.

En cuanto abrí los ojos, supe que no se trataba de un sueño ordinario; había sido una visita del cielo. Segatashya había dejado el paraíso para venir a mí con una misión: la de contar su historia y sus mensajes a tantas personas como pudiera.

Sin perder un instante, ni siquiera para encender la lámpara, tomé el bolígrafo y el papel que tengo siempre en mi mesilla de noche. A la tenue luz de las primeras luces del alba, comencé a apuntar todas las imágenes que me seguían quemando en la imaginación... La visita de Segatashya echó raíces en mi corazón y acabó dando fruto en el libro que estás leyendo ahora mismo. Y aunque los mensajes que he escrito pueden sonar a algo nuevo, de hecho existen desde la creación del Universo; son palabras que han estado sonando ruidosamente en todo el mundo durante más de 2000 años... y si nos abrimos a ellas, resonarán en nuestras almas durante toda la eternidad.

De hecho, se pueden encontrar los mensajes de Segatashya en las palabras de Jesús que aparecen en la Biblia. Pero escuchárselas a él es en muchos sentidos como oírlas directamente de los labios de uno de los discípulos del Señor, uno de los apóstoles que recorrieron con Jesús los lugares santos durante su paso por la Tierra. Digo esto porque sé que Segatashya también fue un chico que habló con Jesús, al igual que lo hicieron los apóstoles; un chico elegido por Jesús para hablar con él. Y del mismo modo que los discípulos de Jesús no sabían quién era Jesús la primera vez que le vieron, lo mismo le ocurrió a Segatashya, pues era un pobre campesino africano, pagano y sin estudios.

Antes de que se le apareciera nuestro Señor en el verano de 1982, el adolescente Segatashya nunca había entrado en una iglesia, ni tenía ninguna noción real de quién era Jesús. Su inocencia le convertía en un candidato ideal para recibir sus mensajes, porque le hacía las mismas preguntas que le harías tú, o yo misma, si de repente nos encontráramos frente a frente con Él. Preguntas como:

—¿Por qué es tan importante amar a Dios? ¿A quién tengo que querer más, a Dios, al Espíritu Santo, a Jesús o a María? La Biblia dice que tengo que quererte a ti más que a mis padres o a cualquier otra persona..., ¿lo dices en serio?

Incluso llegó a preguntar a Jesús:

—¿Por qué debería querer a mis enemigos, como tú dices, cuando Dios no quiere a su enemigo, Satanás?

La candidez y la inocencia infantil de este joven cuando le preguntaba cosas a Jesús siempre me ha conmovido y me ha hecho sonreír. Pero todavía más importante es que las respuestas de Jesús se convirtieron en un *mapa espiritual* para mi vida, al que vuelvo una y otra vez según navego por este mundo turbulento.

Cada vez que me enfrento a situaciones complicadas en mi vida, en las que no veo ni un atisbo de esperanza —como cuando intentaba salvar mi vida en un diminuto cuarto de baño, tratando de escapar de asesinos armados con machetes, durante el genocidio de 1994—, busco consuelo en las palabras de los videntes de Kibeho, especialmente las de Segatashya. Lo que nos transmitía de parte de Jesús, en sintonía con las palabras de Cristo en la Biblia, tiene la virtud de curarnos y llenarnos de ánimo... Y puede darnos el valor, el consuelo y la fuerza necesaria para superar épocas de dolor y desesperanza.

Cuánto desearía que los que están superados por las preocupaciones o agobiados por los sufrimientos diarios escucharan las palabras de consuelo que Jesús quiso compartir con nosotros, a través de Segatashya, en lugar de querer rendirse, o perder la fe, o sumirse en las drogas y el alcohol, o incluso plantearse acabar con la preciosa vida que Dios les ha dado.

Como dijo el Señor: «Aunque estéis sufriendo ahora, sabed que yo he pasado por peores sufrimientos que los vuestros... Animaos y no perdáis la esperanza. Aferraos a mí, confiad en mí, apoyaos en mí y yo os guiaré a través de la oscuridad. Aferraos a la Verdad y allí estaré con vosotros... Invocadme y nunca estaréis solos, pedid y os escucharé...».

Cada vez que leo mensajes como este, mi vida cobra más

sentido. Y aunque a veces no puedo reprimir una carcajada ante las conversaciones que mantenía Segatashya con Jesús, tanto las preguntas que hacía como las respuestas no han dejado nunca de llenarme de paz, una paz que viene de saber que Dios siempre se encuentra cerca de nosotros, que nos ama sin medida, que nos ayudará cada vez que le invoquemos y que espera ansiosamente nuestro encuentro con Él en el cielo..., en el momento en que estemos preparados para ese día en que le veamos cara a cara.

Y este es quizá el mensaje crucial que nos hizo llegar Segatashya: que Jesús desea ardientemente que nos preparemos para la otra vida y que nos aseguremos de que tenemos nuestra alma lista para entrar en el cielo.

A lo largo de las páginas de este libro os encontraréis diversas advertencias sobre los tiempos peligrosos que amenazan a la humanidad... de los acontecimientos terribles y llenos de calamidades que nos esperan en días venideros. Es el periodo conocido como «el fin de los tiempos», así se le denomina en el Apocalipsis. Pero saber estas cosas no significa que vivamos llenos de miedo o sin esperanza, o desanimados ante el futuro. Jesús le dijo a Segatashya que no deberíamos tener miedo al fin del mundo, sino preocuparnos de cómo vivimos nuestra vida cada día, porque el fin puede llegar en cualquier momento.

Como este joven vidente nos demuestra con su ejemplo, el tiempo en el que vivimos es una oportunidad espiritual para cada uno de nosotros. Sus mensajes nos ayudan a descubrir cómo prepararnos para el día en el que, literalmente, nos encontraremos con nuestro Creador. Y si nos aprovechamos de esta gloriosa oportunidad que se nos ofrece, disfrutaremos de la eternidad en el paraíso. No debemos dejar pasar esta oportunidad. Como Segatashya me hizo saber en sueños: ¡Algunas cosas son tan importantes que no pueden esperar!

La historia de Segatashya es una historia feliz y sus mensajes son sanadores y redentores. Han transformado mi corazón y que me han hecho ver toda la belleza de esta vida y de la próxima. Espero, con la ayuda y el amor de Dios, que los mensajes que aparecen estas páginas tengan el mismo efecto en vosotros.

Comenzaré contándoos quién soy yo y os hablaré un poco sobre las primeras apariciones de la Virgen María y su Hijo en Kibeho. Y después, tendré el honor y placer de presentaros a Segatashya, el chico que hablaba con Jesús. Sé que llegaréis a ser sus amigos para toda la vida.

2. Descubriendo a Segatashya

La primera vez que escuché el nombre de Segatashya fue de niña, cuando vivía en la pequeña aldea rural de Mataba, en mi patria, Ruanda. La mayoría de los que no viven en África no han oído hablar nunca de Ruanda, y si lo conocen es como el país donde tuvo lugar una de las masacres más salvajes a mediados de la década de 1990.

El genocidio de Ruanda fue una carnicería, un baño de sangre sin precedentes que se desató sobre mi tierra natal durante la primavera de 1994. Más de un millón de hombres, mujeres y niños inocentes (entre los que se incluyen la mayor parte de mi familia y muchos de mis amigos), fueron brutalmente asesinados en menos de 100 días. Después del genocidio, he escrito mucho sobre las causas de esta tragedia y el horror de esos días en mis dos primeros libros, *Sobrevivir para contarlo* y *Mi viaje hacia el perdón*, en los que cuento cómo Dios salvó milagrosamente mi vida y mi alma a través del amor y del perdón.

En esos dos primeros libros compartí los recuerdos más cálidos de mi bendita niñez. Me crie en un hogar muy feliz, donde crecí con mis queridos padres, Leonard y Rose; adoraba a mis tres hermanos, Aimable (el mayor), Damascene (un par de años mayor que yo) y Vianney (el más pequeño, el niño mimado de la familia).

Mis padres eran católicos practicantes y cristianos de corazón abierto. Vivían según una regla de oro: «tratar a los demás como te gustaría que te trataran a ti». Ambos eran profesores y líderes de la comunidad; eran muy conocidos y respetados en toda la región por sus buenos consejos, su generosidad y sus buenas obras. Vivíamos al lado de un lago, en una zona exuberante, rural y de una belleza impresionante (como la mayoría de Ruanda). Nuestro pueblo se encontraba a muchas horas de distancia de cualquier gran ciudad, y nuestros vecinos eran gente sencilla que cuidaban unos de otros, gente amable y simpática.

Siempre me sentí segura, protegida y cuidada, aunque estuviera sola en casa o caminando más de diez kilómetros por el campo camino del colegio. Cuando era pequeña, mi hogar y mi tierra natal me parecían el lugar más tranquilo y acogedor del mundo.

Yo no me encontraba cerca de las tensiones étnicas que se estaban gestando en mi país y que persistieron durante largo tiempo. De un momento a otro explotarían los terribles acontecimientos de 1994, en los que unos vecinos se volvieron contra otros, alimentados por el gobierno corrupto de la nación, cuya mayoría (los hutus) asesinaría, con palos y machetes, a casi toda la tribu minoritaria (los tutsis, a los cuales pertenecía mi familia).

De hecho, me sentía muy segura y muy feliz, ya que era una niña pequeña cuya mayor preocupación en la vida era asegurarse de rezar muchas oraciones a diario y asistir a misa con frecuencia. Así podría llegar a ser una monja cuando fuera más mayor. Por alguna razón, cuando yo era una niña (¡y hasta hoy!), estaba obsesionada con todo lo que tuviera que ver con Dios. La vida de Jesús, los santos, la Virgen María y cualquier otro tema relacionado con el Cielo era una preocupación constante. Había convertido mi pequeña habitación en mi propio santuario improvisado: una mesita llena de estatuas de la Virgen María, velas votivas y libros de imágenes de apóstoles y santos. Mi pasatiempo favorito era rezar con mi mejor amiga, Janet, o escuchar historias de religiosos por la noche, cuando terminaba mis tareas o después de haber lavado y guardado los platos de la cena. Eso era lo que yo llamaba «la hora de las historias», cuando mi familia se reunía en la sala de estar.

Contar historias forma parte de nuestra cultura y es lo que más hacía de pequeña. Como en la mayoría de las zonas de Ruanda (un país rural extremadamente pobre), nuestra aldea de Mataba era bastante primitiva en cuanto a las comodidades modernas. Estábamos conectados con el resto del país por un camino de tierra solitario y un mosaico de vías pecuarias, nos faltaba el agua corriente y la electricidad no era algo común. Así que, obviamente, no había cines ni centros comerciales para los niños donde pasar el rato con mis hermanos, y yo ni siquiera había visto una televisión, excepto en las páginas de las revistas. Como resultado, teníamos muy pocas maneras de entretenernos entre la puesta y la salida del sol. Y, una vez que el sol se ponía, la noche era tan oscura que rara vez nos aventurábamos a salir al aire libre.

Realmente solo había dos formas de diversión con la familia después de que papá cerrara la casa al anochecer. La primera consistía en la antigua costumbre del *Igitaramo*, un ritual ruandés: después de cenar, nos reuníamos toda la familia o toda la tribu para hablar de los acontecimientos del día, se contaban las noticias de los familiares que vivían lejos o, simplemente, se seguía el hilo de cualquier mito local o de alguna historia bíblica.

Dada mi inclinación por los asuntos religiosos, cada vez que nos reuníamos en el salón durante el *Igitaramo*, todo lo relacionado con el cielo o la narración de un pasaje de la Biblia se convertían, inevitablemente, en mis temas favoritos.

Sin embargo, mis hermanos —sobre todo Aimable y Damascene, que eran mayores que yo y no tan religiosos— intentaban convencer a mi padre de que no me hiciera caso cuando le rogaba que contara (por enésima vez) cómo venció David a Goliat utilizando solo piedras y una honda. A menudo, mi padre se ponía del lado de los chicos y cambiaba abruptamente el tema de conversación. Entonces lo más destacado era el último partido de fútbol que habían jugado mis hermanos o el progreso de uno de los muchos proyectos de caridad de papá, tales como la nueva casa de la escuela que estaba construyendo para el pueblo.

Nuestra segunda opción de entretenimiento era escuchar la vieja y maltratada radio a pilas. Si elegíamos esa opción, no había duda de cuál era el programa que me gustaba y, por lo tanto, insistía en que todos lo escucháramos. Les daba la lata a todos hasta que sintonizaban Radio Ruanda, que emitía los mensajes milagrosos de un grupo de jóvenes videntes en Kibeho, un pueblo aún más pequeño y más remoto que el nuestro, situado a unos 100 kilómetros al sur de donde vivíamos.

Como ya he mencionado, y por increíble que parezca, a principios de 1980 la Virgen María y Jesús quisieron aparecerse a un grupo de adolescentes de una zona rural y entregarles mensajes del Cielo para que los compartieran con todo el mundo. Los primeros mensajes provenían de la Virgen María, que quería transmitir su amor a sus hijos aquí en la tierra. Con frecuencia, los mensajes tenían un contenido instructivo, es decir, nos enseñaban cómo vivir mejor y con más paz, lejos del pecado, guiándonos hacia la luz de Dios y la vida eterna en el Paraíso. Estas instrucciones de María a la humanidad nos instaban a todos a rezar el rosario a diario para evitar el mal; a abrir el corazón a los demás; a abrazar la fe y a desarrollar una relación más profunda con Dios mediante la oración y una vida recta, arrepintiéndonos de los pecados del pasado y evitando tentaciones futuras.

Algunos de los mensajes de María también contenían predicciones aterradoras sobre los días oscuros a los que el mundo iba a enfrentarse durante años venideros. Las jóvenes videntes tuvieron visiones terroríficas de un futuro en el que los corazones de las personas estarían dominados por el odio en lugar de por el amor, y en las que el planeta estaría desgarrado por las guerras de religión y por los desastres naturales.

Exactamente doce años antes de que mi país fuera devastado, la Madre Santísima predijo el genocidio de 1994. La Virgen decía que «un río de sangre» fluiría a través de Ruanda, a menos que mis compatriotas dejaran de albergar odio hacia los demás y, en cambio, llenaran sus corazones con el amor redentor de su Hijo, Jesús. «Con ese amor —dijo—, el desastre que se avecina y el derramamiento de sangre se podrían evitar». A través de sus elegidas, la Virgen animó a todos los ruandeses a apoyarse en Ella para abrazar el amor y el perdón de Cristo... Y la mejor manera era rezando el rosario todos los días. María dijo que *el rosario era una de las herramientas más poderosas para defenderse de la tentación y el mal.* Nos pidió a todos que rezáramos el rosario por lo menos una vez al día, sin importar a qué religión perteneciéramos, y prometió grandes recompensas a todos los que lo rezaran.

Lamentablemente, muy pocos ruandeses siguieron el consejo de Nuestra Señora y nuestro país cayó en la locura, el caos y el asesinato tal como Ella había predicho. ¡Si hubiéramos escuchado las advertencias de la Virgen María cuando apareció en Kibeho, el genocidio no habría tenido lugar!

DE PEQUEÑA NO TENÍA CONCIENCIA de los conflictos tribales que históricamente habían llenado de odio los corazones de mis compatriotas. Fue ese odio el que permitió que el demonio echara raíces en sus almas y les llevó a cometer ciegamente aquellos actos de tortura, asesinato y violación. Todo lo que oía de los videntes de niña eran mensajes que transmitían el amor, la paz y el perdón de Dios. Los mensajes de la Virgen que escuchaba en la radio durante las tertulias familiares me llenaban de alegría y nunca, nunca, llegaron a asustarme.

Yo tenía once años cuando María quiso aparecerse por primera vez en Kibeho, y rápidamente me familiaricé con los nombres y las historias de las tres primeras videntes: Alphonsine, Anathalie y Marie-Claire. Pero pasarían muchos meses antes de que oyera hablar de Segatashya en relación con las apariciones. Cuando finalmente escuché su nombre —y su voz—, el impacto que causó en mi corazón fue tan profundo que me cambió para siempre.

Como ya he comentado, he escrito mucho sobre la historia de Kibeho en *Nuestra Señora de Kibeho*. Pero para aquellos que no conocen la historia, haré una breve recapitulación, para que puedan hacerse una idea aproximada de lo que sucedió en Ruanda y en Kibeho en las semanas y meses previos a que Segatashya apareciera en escena.

La Virgen María se apareció por primera vez en Kibeho el 28 de noviembre de 1981. La primera chica que recibió la visita de la Virgen tenía 16 años y se llamaba Alphonsine Mumureke. Era una estudiante de Secundaria en un pueblo que, como he dicho, era tan pequeño que algunos ruandeses ni siquiera sabían dónde estaba.

Alphonsine era nueva en el Instituto de Kibeho. Había crecido en una región aislada de Ruanda llamada Kibungo, conocida por su extrema pobreza y por su práctica de la brujería. Su padre había abandonado a la familia antes de que Alphonsine naciera, y la niña fue criada por su madre, una excelente trabajadora y una ferviente católica. Aunque Alphonsine no era especialmente religiosa, sentía devoción por la Virgen María y le rezaba cada vez que se sentía desanimada.

A pesar de haber crecido en la pobreza más absoluta, Alphonsine era muy aplicada. Cuando ganó una beca para un internado para jóvenes católicas, con otras 120 estudiantes, su sociabilidad y su jovialidad le ayudaron a hacer amigas rápidamente. Aun así, a menudo se ponía nostálgica y tenía problemas para sacar buenas notas. Como siempre había hecho en los tiempos difíciles, rezaba a la Madre Santísima para que le ayudara.

El 28 de noviembre, un día *a priori* normal en todos los aspectos, Alphonsine se desplomó en el suelo durante el almuerzo y entró en un trance profundo. Se quedó en blanco y una brillante nube de luz se formó lentamente delante de ella. Momentos más tarde, en medio de la nube, la estudiante pudo ver a la mujer más hermosa que jamás hubiera contemplado.

Como Alphonsine recordaría más tarde, la Señora apareció como flotando en el aire, bañada en una luz luminosa, y comenzó a avanzar hacia ella. Aquella magnífica mujer vestía un vestido blanco sin costuras y un velo del blanco más puro cubría su pelo. Su piel era impecable y brillaba como el marfil pulido, aunque Alphonsine no pudo determinar si su piel era de color blanco o negro. La Señora parecía estar en comunión con el Cielo al juntar los dedos de sus delicadas manos, en un gesto de oración. De Ella emanaban olas de amor que envolvían a la colegiala, cuyo corazón rebosaba de alegría y felicidad cuanto más se acercaba la hermosa criatura.

Con una voz demasiada preciosa como para ser descrita con precisión, la mujer reveló a Alphonsine su identidad: era la Virgen María, había escuchado sus oraciones y había venido a Kibeho desde el Reino de Dios para consolarla. Le dijo a la chica que se refiriera a ella como la «Madre del Verbo».

Antes de ascender al Cielo de regreso, la Virgen le dio un mensaje a Alphonsine: «Yo quisiera que tus amigos y compañeros tuvieran la misma fe que tú, pues no tienen suficiente».

Ese fue el primer mensaje entregado por la Santísima Virgen en Kibeho.

Cuando Alphonsine recuperó la consciencia, se encontró tirada en el suelo del comedor. Sus compañeras la observaban desconcertadas. Cuando les dijo lo que había pasado, se burlaron de ella y la acusaron de ser una mentirosa y una tonta. Algunas dijeron que practicaba la brujería o que estaba poseída por espíritus oscuros, ya que ella venía de Kibungo.

Pero la Virgen María continuó visitando a Alphonsine, y en cada ocasión caía en un trance tan profundo que se quedaba completamente ajena a su entorno. Uno de los sacerdotes locales se indignó tanto por lo que decía Alphonsine, que reclutó a otra estudiante de la escuela, Marie-Claire, para atormentar a Alphonsine, con la esperanza de que se retractara ante la intensa presión de sus compañeras.

Marie-Claire tenía mala reputación en el campus por su crudeza y a veces resultaba maleducada. Le rezaba a la Virgen María —a quien quería mucho—, pero no iba mucho a la iglesia ni pertenecía a ningún grupo de oración. Tal vez por su profundo afecto hacia la Virgen, Marie-Claire pensaba que las de Alphonsine eran «mentiras ofensivas» y se puso manos a la obra para humillar y avergonzar a su compañera en público.

Marie-Claire reunió a otras compañeras para denunciar a la «falsa» vidente, y ella y su pandilla de escépticas humillaban a Alphonsine siempre que caía en uno de sus éxtasis. En esos momentos la maltrataban físicamente: le tiraban del pelo, le doblaban los dedos hacia atrás, le pellizcaban tan fuerte como podían, le gritaban al oído y le lanzaban rosarios. Pero Alphonsine no se estremecía en ningún momento; no le importaba lo que le hacían o lo que decían de ella.

Entonces, el 12 de enero de 1982, la Virgen María se apareció a una segunda estudiante de la escuela de Kibeho: Anathalie Mukamazimpaka, de 17 años. A diferencia de Alphonsine, esta joven era una estudiante modelo y se la consideraba una de las chicas más devotas y piadosas. Anathalie había nacido en el seno de una familia firmemente católica que vivía en una casa grande. Al despertarse por la mañana, rezaba el rosario antes de ir a clase y rezaba todas las noches antes de acostarse. Leía la Biblia en el tiempo libre entre clase y clase y pertenecía a varios grupos de jóvenes católicos. Era modesta, se portaba muy bien y era muy respetada por las demás alumnas y los profesores. Pero todo esto no fue obstáculo para la principal detractora de Alphonsine, Marie-Claire, que comenzó a atacar también a Anathalie. Redobló sus esfuerzos para desacreditar las «supuestas» visitas de la Virgen al colegio, ridiculizando públicamente a ambas chicas cuando comenzaron a tener apariciones de la Virgen.

Los ataques de Marie-Claire llegaron a un brusco final el 1 de marzo de 1982, cuando la Virgen María se le apareció también a ella. Al principio, Marie-Claire se resistía a la visión, porque creía que las dos chicas le estaban engañando de alguna manera. Y si no era eso, entonces se estaba volviendo loca o estaba poseída por los demonios.

Sin embargo, la voz de la Santísima Virgen tranquilizó y consoló en seguida a Marie-Claire, quien, de repente, se dio cuenta de que la Santa Madre había bendecido al colegio con su presencia celestial. Marie-Claire se avergonzó de haber atormentado a Alphonsine y a Anathalie, y prometió convertirse en una sierva humilde de la Virgen María, al igual que las otras dos alumnas.

Ante el asombro de los estudiantes y de los profesores, las tres niñas elegidas por la Virgen María como videntes iban a recibir pronto apariciones en la capilla del colegio. Cada vez que una de ellas entraba en trance, se abstraía de lo que sucedía a su alrededor. La cara de las chicas se llenaba de alegría cuando se encontraban en presencia de la Señora. Cada una de ellas hablaba llena de amor al responder a las preguntas de la Virgen, o al divulgar los mensajes que María les daba para compartir con los demás. Ningún otro de los presentes podía ver u oír a la Virgen durante las apariciones. Pero los que tenían la suerte de ser testigos de una aparición, escuchaban con enorme atención cada palabra que murmuraba la joven durante el éxtasis, pues se daban cuenta de que estaban escuchando a una de las partes de aquellas conversaciones con el cielo.

La noticia de las apariciones se extendió rápidamente más allá de los límites del Instituto de Kibeho. Decenas de vecinos comenzaron a peregrinar por las carreteras hacia el colegio —más bien caminos de cabras—. Todos querían ser testigos de las apariciones milagrosas que tenían lugar dentro de los muros de la escuela. Pronto, cientos de personas se dedicaban a curiosear alrededor del centro escolar, tratando de escuchar cualquier cosa relacionada con las apariciones. Se subían a las vallas, forzaban las puertas y rompían las ventanas de la capilla, subiéndose a hombros y empujándose unos a otros para ver de cerca a las jóvenes de quienes se rumoreaba que tenían línea directa con la Virgen María. Con el tiempo, aquellos cientos de espectadores se convirtieron en miles de peregrinos, así que la dirección del colegio, junto al sacerdote local, levantaron un escenario de madera fuera de la capilla para que las videntes tuvieran sus apariciones en público y así todos los presentes pudieran contemplarlas.

Las noticias sobre estas jóvenes y los mensajes que recibían se extendieron como la pólvora, viajando a lo largo y ancho de Ruanda en cuestión de semanas. Radio Ruanda envió varios reporteros desde Kigali a Kibeho para ser testigos de cómo se comunicaban con la Virgen y sus reportajes se emitían a diario en la programación de la emisora nacional.

Fue entonces cuando mis hermanos y yo empezamos a pelearnos a causa de lo que queríamos escuchar en la radio durante el *Igitaramo*. Yo insistía en escuchar todas y cada una de las palabras de las videntes que se retransmitían, pero mis dos hermanos mayores se mostraban al principio dudosos y confusos con lo que estaba ocurriendo. Aimable y Damascene eran muy cariñosos conmigo, pero también se burlaban de mí ante la creciente pasión que demostraba por lo que yo proclamaba como «el verdadero milagro» que estaba sucediendo en Kibeho.

—Son solamente un montón de colegialas tontas tratando de llamar la atención porque no hay chicos cerca —decía Aimable riéndose, mientras acosaba a nuestro padre para que sintonizara un partido de fútbol en la radio.

En aquellos años —¡gracias a Dios los tiempos han cambiado!—, las mujeres en Ruanda, aunque eran tenidas en gran consideración en su papel de madres, no eran demasiado valoradas como seres humanos autónomos e inteligentes. Era una sociedad muy chovinista donde los derechos básicos, como el de la propiedad privada y la educación, eran dominio de los hombres. Por suerte, mi padre y mi madre tenían unas opiniones progresistas y me animaron a que llegara lo más lejos que pudiera en mis estudios, lo que finalmente me llevó hasta la universidad. Aun así, el machismo era algo asentado y mis dos hermanos nunca perdían la oportunidad de gastar bromas sobre una chica o una mujer que pudiera hacer algo que un hombre no podía ¡y, en ese momento, eso incluía ver a la Virgen María!

—Esas chicas de Kibeho o son borrachas o practican vudú —se burlaba mi hermano Damascene entre risas—. Sabes lo que les pasa, ¿no? ¡Pues que están preocupadas porque no van a conseguir un marido después de graduarse, y lo que quieren es aprender magia para poder atrapar a un hombre antes de ser demasiado viejas!

Mi padre mandaba callar a mis hermanos y me dejaba escuchar las noticias sobre Kibeho, ya que era un hombre que había recibido una buena educación. De todas formas, como era cauto por naturaleza, en un principio se mostró reacio a creer en las apariciones. Pero como tenía un profundo amor y respeto por la Virgen María, si alguien mostraba amor y afecto a la Virgen, mi padre le ayudaba a fomentar esa devoción. Y yo lo hacía.

—El tiempo dirá si estas apariciones son reales o no —le decía papá a los chicos—. Y si es verdad que estas alumnas están ayudando a edificar la fe en la Santísima Virgen, dejaremos que vuestra hermana escuche lo que dicen en la radio… y vosotros dos vais a quedaros aquí con ella. El fútbol puede esperar.

Mis hermanos protestaban y decían que pronto habría aún más imágenes de la Virgen en el pequeño santuario que tenía en mi dormitorio. Pero sus burlas terminaron en un día soleado de 1982, cuando nos enteramos de que un nuevo vidente había llegado a Kibeho… Un niño llamado Segatashya, que recibía visitas del mismo Jesucristo. Para mis hermanos, el hecho de que se tratara de un chico hizo que resultaran más creíbles las apariciones milagrosas que habían tenido lugar en Kibeho. Y el que Segatashya fuera el primero a quien se le apareciera nuestro Señor terminó de convencer a mis poco impresionables hermanos. Ayudó también el hecho de que Segatashya y Damascene tuvieran casi la misma edad.

—Bueno, si se trata de un chico que habla con Jesús... entonces supongo que todo esto tiene más sentido —reconoció Aimable, después de escuchar un fragmento de las palabras de Segatashya en la radio.

En cuanto a mí, yo ya había oído la voz de Segatashya unos días antes en una grabación que el Padre Apollinaire Rwagema, el sacerdote de nuestra aldea, había puesto a los chicos que asistieron a la misa de niños.

El Padre Rwagema fue uno de los primeros que creyeron en las apariciones, y uno de sus seguidores más devotos. También fue la primera persona de Mataba que hizo la larga peregrinación hasta Kibeho para ver a aquellas jóvenes con sus propios ojos. Las grabó durante las apariciones y puso esas cintas a disposición de cualquier persona del pueblo que quisiera escucharlas.

A lo largo de los dos años siguientes llegué a escuchar cientos de horas de grabaciones de las apariciones, pero la primera vez que escuché a Segatashya se me quedó grabada para siempre. En mi libro *Nuestra Señora de Kibeho* cuento cómo un escalofrío me recorrió de arriba a abajo la espina dorsal al oír la voz del niño que salía de los altavoces del viejo reproductor del Padre Rwagema. En la grabación se escuchaba una conversación de Segatashya con Jesús. El Padre Rwagema nos dijo que la había grabado en un día soleado, bajo un brillante cielo azul sin nubes a la vista... A continuación, nos animó a escuchar con atención.

Tanto yo como los 200 niños que estábamos sentados en el suelo de la única habitación de la capilla del Padre Rwagema nos encontrábamos hipnotizados por lo que escuchábamos en el magnetofón. Primero fue el clamor de miles de voces suplicantes (las de las personas que se habían reunido en Kibeho para escuchar a los videntes). La multitud gritó a Segatashya, llamándolo por su nombre y pidiendo que hiciera un milagro…, un milagro para demostrar que lo que estaban presenciando era verdad. Eso les ayudaría a creer en las apariciones sin la menor sombra de dudas.

En ese momento yo no lo sabía, pero lo que el sacerdote había grabado en aquella cinta era la única aparición en la que Jesús permitió que el niño viera y pudiera interactuar con las personas que habían venido hasta allí. En el resto de las apariciones, Segatashya solo era consciente de encontrarse en presencia del Señor.

Por encima del estruendo de la multitud, surgió la suave voz del joven al dirigirse con respeto a Jesús:

—Sí, Señor, se lo he dicho muchas veces —se oía la voz de Segatashya—. No, Señor, no hacen caso… Siempre me piden un milagro. Jesús, no van a creerse que estás hablando conmigo hasta que vean un milagro o una señal.

Recuerdo que aquel día el corazón se me salía del pecho al escuchar a Segatashya: me sentía conmovida por la sinceridad y la bondad de su voz al dirigirse con paciencia hacia la ruidosa multitud.

De repente, retumbó un trueno a través de los altavoces de la grabadora y los niños que estábamos en la sala dimos un salto al unísono. También pudimos oír los gritos asustados de la gente. Luego hubo algunos aplausos por el milagro que acababa de suceder, seguidos de la voz tranquilizadora de Segatashya al instar a la multitud a no preocuparse por el trueno que acababa de sonar en mitad de un cielo azul.

—Jesús dice que no debéis tener miedo; nunca haría nada para lastimar a sus hijos —insistía el chico—. Nadie se ha hecho daño, las mujeres embarazadas no tienen que preocuparse por sus hijos y los que enfermos del corazón estarán bien… Sí, Señor, lo diré como Tú dices… Jesús dice que ha mandado este trueno para que escucharais su mensaje, sin pedir milagros que no tienen sentido…, porque vuestras vidas ya son milagros. Un niño en el vientre de una madre es un verdadero milagro; el amor de una madre es un milagro; un corazón que perdona es un milagro. Vuestras vidas están llenas de milagros, pero las cosas materiales os impiden verlos.

Jesús dice que debéis abrir los oídos para escuchar sus mensajes y que debéis abrir vuestros corazones para llenaros de su amor. Hay demasiada gente que ha perdido la senda al querer ir por el camino fácil, que lo aleja de Dios. Jesús os anima a rezar a su Madre, la Santísima Virgen María, que os conducirá a Dios Todopoderoso. El Señor viene con mensajes de amor y la promesa de la felicidad eterna y, sin embargo, pedís milagros. ¡Dejad de pedir milagros al cielo! Abrid vuestro corazón a Dios, porque los verdaderos milagros ocurren en el corazón.

Ese fue el primer mensaje del cielo que oí a Segatashya y, como ya he dicho, me cambió la vida. Abrió las puertas de mi corazón a todos los mensajes que se entregarían en Kibeho. La sinceridad en la voz de ese niño lo convirtió, en ese instante, en mi vidente favorito.

Menos de una semana después de que el Padre Rwagema nos dejara escuchar la cinta, mi familia y todo el pueblo esperaban impacientes las noticias sobre la llegada de Segatashya a Kibeho.

Desde que las tres primeras alumnas comenzaron a ver a la Virgen María, unos ocho meses antes, yo ya había notado un profundo cambio en la mayoría de mis amigos, vecinos e incluso de los extraños que pasaban por la aldea. Iban como más erguidos y su modo de caminar era más enérgico. Las mujeres, con enormes cestas de alimentos, ropa o leña en la cabeza (a la forma tradicional ruandesa) no pensaban nada más que en parar en medio de la calle buscando noticias de Kibeho, especialmente sobre Segatashya.

Recuerdo que escuchaba muchas de esas conversaciones desde la ventana de mi habitación, mientras leía en la cama o rezaba arrodillada en mi santuario casero.

—He oído que ese Segatashya no había oído hablar nunca de Jesús antes de que se le apareciera el Señor —dijo uno de los vecinos.

—¡Me han dicho que ese niño es un completo pagano! Pero dicen que es tan dulce... ¡y guapo! Me pregunto por qué Jesús ha escogido a un pagano cuando hay tantos chicos católicos en Ruanda.

—El Señor actúa de un modo misterioso; nadie conoce la mente de Dios. Me imagino que la madre de Segatashya debe estar muy orgullosa de él... Me pregunto si se ha convertido al cristianismo ahora que Jesús se le está apareciendo a su hijo.

Me di cuenta de que no era la única que tenía como favorito a Segatashya. Desde que se conocieron sus apariciones, un gran número de personas se hicieron seguidores suyos. Se había convertido en una estrella.

Enseguida, el Padre Rwagema organizó procesiones en la aldea en honor a las visitas que Segatashya recibía de Jesús. El devoto sacerdote animó a todos los miembros de su parroquia, y a los de las parroquias de la zona, a unirse a él en las celebraciones.

Nunca olvidaré esos desfiles de gente llena de fe por los caminos polvorientos de las afueras de nuestro pueblo. Cientos de vecinos se unieron a las procesiones, formando dos líneas detrás del sacerdote mientras esperaban a que comenzaran los festejos.

El Padre Rwagema aguardaba a que la multitud alcanzara el nivel adecuado de silencio reverente y, una vez conseguido, iniciaba el acto. Comenzaba levantando una gran cruz de madera por encima de su cabeza y, después, con voz fuerte, recitaba uno de los muchos mensajes de Jesús —se los había aprendido de memoria— a Segatashya. Por ejemplo:

Dios nunca te negará su misericordia si existe una verdadera conversión en tu corazón. Jesús nos dice que la vida en la tierra dura solo un momento; pero la vida en el cielo es eterna. Por eso debemos rezar. Recordad que los que obedecen a Dios y gritan: «¡Oh, Padre, bendíceme!» desde el fondo de su corazón, y se arrepienten de sus malos actos, irán al cielo. Solo aquellos que verdaderamente aman a Dios y cumplen su voluntad por medio del amor, serán bienvenidos en el Reino de los cielos, y no los hipócritas y los mentirosos. Recordad que debéis orar con sinceridad… el único camino al cielo es a través de la oración que procede del corazón.

Y luego, con pasos largos y seguros, el Padre Rwagema se ponía en marcha, con la cruz firmemente aferrada y levantada en alto, moviendo los labios constantemente mientras recitaba los mensajes de Segatashya kilómetro tras kilómetro:

El amor de Cristo por sus hijos es grande. Dios no abandona a ninguno de sus hijos. Él siempre está a la espera de que le digamos que sí y dejemos que entre en nuestros corazones. En el día del Juicio, el Señor mostrará a cada uno toda su vida, y sabrán que son los autores de su propio destino. Dios les mostrará todo lo que han hecho a lo largo de su vida y luego esa persona irá donde se merece. No penséis que Dios no ve vuestros pecados; el Señor ve cada acción y conoce cada pensamiento. Arrepentíos; no queda mucho tiempo. Si necesitáis ayuda para abrir vuestros corazones a Jesús, pedídsela a su Madre, para que venga en vuestra ayuda. Jesús quiere que amemos y respetemos a su Madre como si fuera la nuestra. Ella reza por todos sus hijos y les otorgará muchas gracias y dones del Espíritu.

El Padre Rwagema proclamaba así el último mensaje revelado por Segatashya en Kibeho.

Parecía que íbamos a caminar casi todo el día detrás del Padre Rwagema, a pesar del calor del sol de verano que caía a plomo sobre nosotros. A menudo, a lo largo del camino, nos envolvía una espesa capa de polvo rojo sofocante, levantada por nuestros pies cansados y llenos de ampollas al avanzar al compás. Pero, sin embargo, continuábamos rezando y cantando hasta que nuestras voces se quedaban roncas... ¡Todos estábamos encantados de estar en la procesión!

Después de andar unos 15 kilómetros, el grupo se detenía unos minutos a descansar y a beber agua. Entonces, el Padre Rwagema nos enseñaba una canción que Jesús le había enseñado a Segatashya, que todos conocíamos con el sencillo título de «La canción de Segatashya»:

Dios, tú me encontraste en el camino,
y me diste un mensaje
para el mundo.
Lo he llevado a tus hijos,
pero no me escucharon.
¿Qué debo hacer, querido Dios?
Por favor, dame la fuerza y la sabiduría
para llevar a cabo mi misión,
y ayúdame a llevar tu mensaje
a tu pueblo.

Cientos de voces cantaban este estribillo tan sencillo, mientras comenzábamos nuestro regreso a Mataba, con el Padre Rwagema repitiendo los mensajes del cielo a lo largo del camino.

La pasión de mis vecinos por los videntes de Kibeho, y especialmente por Segatashya, no hacía más que crecer. Se encendía la fe de todos. Nuestro sacerdote nos contaba que él veía a Segatashya cuando iba de peregrinación hasta Kibeho y nos decía que, a pesar de no tener ningún tipo de estudios, charlaba y conversaba con sacerdotes y teólogos sobre el significado y las diversas interpretaciones de la Biblia.

—Ese muchacho no ha ido al colegio ni un solo día de su vida —nos contaba un asombrado Padre Rwagema—. ¿Cómo podía estar hablando sobre las Escrituras y discutiendo sobre el significado de los pasajes de la Biblia con teólogos tan formados, a menos que el Señor mismo estuviera instruyéndole personalmente sobre estas cuestiones? Es realmente un gran milagro... ¡No se había visto antes nada parecido en África!

Era tan grande la admiración del Padre Rwagema por Segatashya y por Kibeho que comenzó a organizar grupos de peregrinos, dirigiéndolos en aquel duro viaje para que todos pudieran presenciar las apariciones milagrosas.

Ya que no había caminos adecuados entre Mataba y Kibeho y, como la mayoría de los de nuestro pueblo no tenían zapatos, y mucho menos algún tipo de vehículo, la peregrinación a Kibeho se hacía con los pies descalzos. Era un viaje que duraba muchos días y era necesario vadear ríos peligrosos, ir por caminos de montaña y por zonas de densa vegetación y atravesar bosques. A mis doce años, todo eso me sonaba increíblemente divertido.

Así, cuando papá anunció que iba a unirse al Padre Rwagema y a una docena de vecinos de la aldea en una peregrinación a Kibeho, inicié una campaña de peticiones y súplicas con la esperanza de acabar convenciéndole para que me llevara con él.

Mi padre se negó rotundamente a mis reiteradas peticiones, diciendo (con razón) que era demasiado joven y el viaje demasiado peligroso. Prometió que me llevaría cuando fuera mayor, pero en realidad pasaron muchos años hasta que por fin pude viajar a Kibeho por mi cuenta. Para entonces, yo tenía 20 años y hacía tiempo que Segatashya había dejado de tener apariciones públicas.

Pero eso no quiere decir que no llegara a conocer a Segatashya casi tan bien como a los miembros de mi familia. De hecho, me ayudaron mucho las descripciones de mi padre y las horas de grabaciones de cada aparición que escuché.

Quizá lo que más admiración me causaba era la compañía en la que se encontraba Segatashya, la de otros videntes extraordinarios, elegidos por el cielo para difundir unos mensajes que era necesario que escucharan todos. Un grupo de jóvenes a las que todos deberíamos conocer y querer.

3. Los videntes de Kibeho

A veces, cuando estoy en un lugar tranquilo, con el césped bajo mis pies, una brisa suave meciéndome el pelo, y el sol acariciándome la cara, cierro los ojos y retrocedo en el tiempo a aquellas tardes tan largas que pasaba en el jardín de mi familia, esperando a que mi padre regresara a casa, después de una de sus peregrinaciones a Kibeho. El recuerdo de los nervios que me atenazaban el corazón hace que todavía hoy se me acelere el pulso.

La casa que mi padre construyó estaba situada en el extremo de una colina muy empinada con vistas al lago Kivu, uno de los lugares más espectaculares de toda África. Las vistas desde nuestro jardín capturaban mi ya de por sí activa imaginación.

El lago Kivu se extiende a lo largo de la frontera este de Ruanda, y sus aguas cristalinas actúan como una frontera natural que separa Ruanda de su vecino más cercano, Zaire (ahora conocido como República Democrática del Congo).

Zaire es mucho más grande que Ruanda. Para mis ojos adolescentes, que oteaban la impresionante masa de agua desde el punto estratégico de nuestro jardín, los bosques y selvas de color verde oscuro de ese país se extendían hasta el infinito. Si el día era muy claro, incluso llegaba a vislumbrar los picos más altos de Zaire, asomándose puntiagudos entre las nubes algodonosas, a muchísima distancia. Me parecía que debían cubrir casi la mitad de la distancia entre el cielo y la tierra. Esos picos solitarios y aislados constituían el lugar ideal para que la Virgen María y Jesús se tomaran un descanso en su viaje, desde su casa en el reino de Dios hasta la aldea de Kibeho, para visitar a los jóvenes.

A veces me tiraba una tarde entera en el jardín mirando hacia las montañas, mientras esperaba la vuelta de papá desde Kibeho. Me sentaba sin moverme durante horas, descansando en un mullido colchón de hierba fresca, inhalando el aroma del inmenso jardín de flores de mi madre. Me preguntaba si María y Jesús se encontrarían de verdad allí arriba, y si era así, si estarían mirándome. ¿Se pondrían contentos de saber que yo les quería tanto?

Esperaba sorprender a papá cuando llegara de su viaje, corriendo hacia él y lanzándome en sus brazos antes de que hubiera llegado a la puerta principal. Pero casi siempre era papá el que me sorprendía a mí. Entraba en el jardín y me pillaba contemplando las lejanas montañas, soñando despierta con Jesús y María. Carraspeaba o empezaba a silbar para hacerme saber que estaba en casa y que esperaba que yo le diera un abrazo.

Me arrojaba en sus brazos para darle la bienvenida, y nos acercábamos hasta el límite de la colina, admirando aquella vista que nos encantaba a los dos. Papá siempre decía lo mismo cada vez que se repetía aquella situación:

—Immaculée, no sé cómo puede alguien contemplar tanta belleza y no sentirse conmovido ante las maravillas del poder creador de Dios. ¿Sabías que dicen que Dios pasa el día viajando alrededor del mundo, vigilando la creación, pero que por la noche vuelve a Ruanda a descansar, porque es el lugar más bello que creó? Recuérdalo, Immaculée. Dios duerme en Ruanda.

Le abrazaba lo más fuerte que podía y le daba un beso. Mi padre era el único de todos mis conocidos que quería a Dios tanto como yo, y por eso, le quería más de lo que puedo describir.

Después de una larga mirada al lago, papá decía que tenía mucha hambre y se volvía para meterse en casa. Antes de que pudiera entrar, yo le rogaba que me diese detalles del viaje, de las cosas que había visto y oído en Kibeho. Pero papá era metódico en todo lo que hacía y no me adelantaba ni una palabra sobre sus peregrinaciones hasta que la familia había terminado de comer y se reunía en el salón para la sobremesa. Solo entonces empezaba a revelarnos los acontecimientos milagrosos a los que había asistido en Kibeho.

Lo primero que le preguntaba era si había visto o no a Segatashya. Inevitablemente, su respuesta a mi pregunta no era satisfactoria, por decirlo de alguna manera.

—Sí, he visto a Segatashya —decía—. Pero no empieces a correr y a adelantarte, Immaculée… Las cosas buenas son para aquellos que saben esperar.

Mi padre no dejaba que nadie le metiera prisa, y menos cuando estaba contando una historia. Para él, como para muchos ruandeses, las historias eran una de las mejores herramientas educativas de las que disponía un profesor, el líder de un grupo, o un padre, para transmitir enseñanzas y mensajes a los más jóvenes. La historia y la cultura de Ruanda se han transferido a lo largo de los siglos por medio de la tradición oral y en nuestro hogar esa tradición se mantenía.

Cuando empezaba con sus historias sobre las peregrinaciones, papá contaba todo desde el principio, incluyendo el propio viaje, relatando todos los avatares durante los kilómetros de dura caminata. Esos relatos, a menudo plagados de dificultades extremas, eran las mejores narraciones de aventuras que yo haya escuchado jamás.

Papá nos explicaba cómo su grupo —de unos doscientos o trescientos peregrinos de nuestra aldea— se quedaba sin comida a mitad de camino, o era atacado por animales salvajes en mitad de la noche, o se perdía en un terreno desconocido en un bosque de Ruanda.

—Recordad que la mayoría de esa gente no ha ido nunca más allá del pueblo vecino para ver a sus parientes —nos decía—. Nunca se les habría pasado por la cabeza hacer un viaje por tierra de ese calibre, y algunos ya tienen una cierta edad. La mayoría deja atrás hogares muy humildes sin apenas recursos; muchos no tienen ni zapatos ni una manta sobre la que dormir. No están preparados para los rigores del viaje... Y, sin embargo, sus corazones y almas estaban decididos a escuchar los mensajes del cielo, y no había nada que pudiera hacerles permanecer en casa, sabiendo que María y Jesús estaban esperándoles en Kibeho.

Papá nos explicaba que no importaba lo desesperada que pudiera llegar a ser la situación, porque el amor del grupo y la devoción a la Virgen María triunfaban sobre cualquier desgracia a la que tuvieran que hacer frente. El Padre Rwagema guiaba la oración de los peregrinos por la noche, una vez que establecían el campamento para pernoctar. Se arrodillaban todos juntos alrededor de un fuego y le rezaban a la Virgen, pidiéndole su ayuda y su guía. Y sus oraciones siempre eran escuchadas.

En una ocasión, después de varios días de caminata verdaderamente agotadora, el grupo descubrió que no tenían nada de comida y sí cientos de bocas que alimentar. Esa noche rezaron al cielo para que les proporcionara alimento y, por la mañana, vieron con gran alegría que, durante la noche, alguien se había colado silenciosamente en el campamento y les había dejado —de forma anónima— unos sacos enormes de arroz y de judías. En otra ocasión, los peregrinos se perdieron en una zona de espesos matorrales y no sabían por dónde seguir. Establecieron el campamento y rezaron a la Virgen para que les guiase hasta la carretera o al camino más cercano. Apareció una constelación de estrellas desconocida sobre ellos en el cielo y, conforme oscurecía, fue tomando la forma de una cruz. Lo interpretaron como un signo del cielo y, a la mañana siguiente, comenzaron a andar en la dirección indicada por la cruz de estrellas. Antes de darse cuenta, estaban fuera del páramo y de nuevo en ruta hacia Kibeho.

—Nadie se quejaba del hambre, ni de los cortes, ni de las heridas. Después de todo, estábamos yendo a escuchar a María y a Jesús. ¿Cómo comparar nuestros pequeños sufrimientos con los suyos?

Papá nos contaba que, cuanto más sufrían los peregrinos, más apreciaban lo que Jesús y la Virgen habían padecido por todos nosotros… y más decididos estaban a llegar a Kibeho con la cara sonriente y el corazón lleno de alegría.

En ese punto, yo ya estaba tan nerviosa por recibir noticias de Segatashya que cortaba la narración de papá.

—¿Qué nos vas a contar sobre el chico que hablaba con Jesús, papá? Háblanos de Segatashya. ¿Cómo es? ¿Es tan joven como dicen? ¿Ha hablado de verdad con Jesús? ¿Qué ocurrió cuanto estaba sobre el escenario? ¿Le dijo a Jesús que la gente quería ver otro milagro? ¡Cuéntanos, papá! ¿Hizo Segatashya que ocurriera otro milagro?

Papá me miraba con paciencia y decía:

—El milagro de Kibeho empieza en el momento en que uno inicia su peregrinación con el corazón lleno de amor y de fe. No son los videntes los que hacen que ocurran milagros… Los milagros ocurren cuando los corazones llenos de dudas se convierten en corazones llenos del amor de Dios. ¡Y es la fe en Dios la que trae el amor a nuestros corazones! Fe y amor; fe en el amor de María y Jesús, y fe en que los mensajes que tienen para nosotros nos los envía Dios para salvarnos. Eso es lo que hace que los milagros del cielo ocurran en la tierra. No lo olvidéis nunca, niños.

Uno de esos milagros, añadía papá, era el hecho de que todas las heridas sufridas por los peregrinos durante su viaje para escuchar a los videntes —desde ampollas infectadas hasta insolaciones, pasando por esguinces y roturas de ligamentos—, se curaban al poco de su llegada a Kibeho. Muchas veces, las curaciones ocurrían después de una lluvia que caía al final de una aparición, con el cielo completamente despejado. Uno de los videntes anunciaba que María iba a enviar algo para aliviar los dolores y molestias de aquellos que habían recorrido enormes distancias para verla. Entonces, de un cielo sin una sola nube, caía una lluvia que curaba las heridas de miles de personas. Papá disfrutaba relatándonos cómo reverberaba el eco de diez mil gargantas en las colinas de Kibeho, cuando cientos de cortes dejaban de sangrar, disminuían o desaparecían por completo los esguinces de tobillo, e innumerables almas que empezaban a desfallecer, de repente estallaban de gozo. Cualquier pena o preocupación que aquejara a los peregrinos se evaporaba con el calor del sol que refulgía de nuevo. Las gotas de lluvia, colgadas de las briznas de la hierba que crecía en las colinas de Kibeho, reflejaban un millón de diminutos arcoíris. Era una vista que inspiraba a todos los que se encontraban allí.

Cuando dejaba de llover, los peregrinos se ponían de pie y se cogían de las manos. Miraban hacia el cielo y elevaban sus voces cantando el *Magnificat*, el himno favorito de Nuestra Señora, como canción de gracias y alabanza por la dulzura y amabilidad que la Madre del cielo acababa de derramar sobre ellos, sus agradecidos y leales hijos de Kibeho:

Proclama mi alma la grandeza del Señor,
se alegra mi espíritu en Dios, mi salvador;

porque ha mirado la humillación de su esclava.
Desde ahora me felicitarán todas las generaciones,
porque el Poderoso ha hecho obras grandes por mí:
su nombre es santo, y su misericordia llega a sus fieles
de generación en generación.
Él hace proezas con su brazo:
dispersa a los soberbios de corazón,
derriba del trono a los poderosos
y enaltece a los humildes,
a los hambrientos los colma de bienes
y a los ricos los despide vacíos.
Auxilia a Israel, su siervo,
acordándose de la misericordia
—como lo había prometido a nuestros padres—
en favor de Abraham y su descendencia por siempre.

Las descripciones de papá sobre sus llegadas a Kibeho, con los diferentes grupos de peregrinos de Mataba, siempre dibujaban un retrato increíble de la fe y la devoción de nuestro país.

—Había miles y miles de personas congregadas alrededor del pueblo, todas ellas deseosas de asistir a las apariciones que la Virgen María y Jesús habían anunciado para los días siguientes. Las laderas de las colinas en torno a Kibeho estaban cubiertas de campamentos de peregrinos, grupos de amigos y parientes lejanos que habían hecho el viaje para escuchar los mensajes. Venían de todos los rincones de Ruanda, de Kenia, Tanzania, Burundi y Zaire… para escuchar a aquellos chicos, para oír lo que la Reina de los cielos y Jesús quieren que sepamos…, para recibir los mensajes que el cielo quiere que llevemos en nuestro corazón, de modo que vivamos según la voluntad de Dios.

—Papá, por favor —supliqué. Me estallaba la cabeza. La curiosidad por saber más sobre mi vidente favorito era tan grande que ya no podía contenerme—. ¡Háblanos de Segatashya!

Mis constantes interrupciones cortaban momentáneamente el hilo de la narración de mi padre. A esas alturas de su vida, ya había dejado de enseñar en las aulas y había aceptado una serie de ascensos en su carrera académica: de profesor a jefe de estudios, y finalmente a director regional de los colegios católicos. Todos esos años dentro del sistema escolar le habían dado mucha experiencia en el trato con jóvenes impacientes y rebeldes como yo.

Así que, después de que yo le hubiera interrumpido varias veces para intentar que acelerara el ritmo de su narración, papá dejaba de hablar. Me observaba con su mirada especial de director de colegio hasta que yo prometía callarme y estar sentada y en silencio, mientras él nos hablaba de Kibeho a su manera y a su ritmo.

Papá disfrutaba describiéndonos la pasión, devoción y estado de ánimo del inmenso grupo de peregrinos congregados allí. Al final de sus apariciones, tanto la Virgen María como Jesús le decían a cada joven cuándo podría verles de nuevo. De hecho, la Virgen (o Jesús, si se trataba de Segatashya) indicaba el día y la hora exacta de su próxima aparición, y esas fechas y horas se retransmitían por radio. Dicha información permitía a los futuros peregrinos la planificación de su viaje al lugar santo.

Miles de peregrinos llegaban a Kibeho con la esperanza de curarse de sus enfermedades. Portaban objetos para que María y Jesús los bendijeran. Salían de sus aldeas con los bolsillos llenos de rosarios, que sostenían en alto cuando los videntes se subían al escenario. Otros traían recipientes con agua del río, esperando que el líquido se transformara milagrosamente en agua bendita durante las apariciones.

—Eran pequeños detalles para los creyentes, regalos que ayudaban a crear una atmósfera de hermandad entre todos los asistentes —explicaba mi padre. Le llamaba la atención el que la gente, después de hacer un viaje tan largo como el suyo (o incluso más), estuviera en tan buena armonía—. ¿Con qué frecuencia encuentra uno un lugar donde miles y miles de personas están apiñadas en un espacio reducido, durante días, con muy poca agua y comida, sin que se produzcan riñas ni peleas? En Kibeho apenas oí una sola palabra fuera de tono… ¡no hay ningún sitio igual, ni en Ruanda, ni en ningún otro país! —añadía papá con entusiasmo—. La presencia amorosa de la Virgen María y la paz de su Hijo han transformado Kibeho en un lugar diferente a todos los que conozco. ¡Se siente la presencia de Dios en todas partes!

Mi padre continuó diciendo que docenas de chicas del instituto de Kibeho se unieron a otras chicas procedentes de toda Ruanda para formar un grupo de baile. Mientras los percusionistas y otros músicos tocaban, ellas bailaban danzas regionales delante del escenario durante horas, mientras la multitud aguardaba la llegada de los videntes.

—Las chicas empezaron a entonar cantos de alabanza a la Virgen María. Y en seguida, toda la gente diseminada por las colinas empezó a cantar también… ¡Diez mil voces cantando al unísono, todas declarando su amor a la Virgen, todas rezando para que Nuestra Señora y Jesús enviaran sus bendiciones!

El primer día, quien subió al podio fue la joven Alphonsine —continuó papá, describiendo su sorpresa ante la apariencia infantil de la joven. Se sintió conmovido por la tímida inocencia de la estudiante y su dulzura—. La multitud gritó con afecto cuando se colocó en el centro del escenario, sosteniendo un rosario, y empezó a dirigir a los allí congregados en el rezo a Nuestra Señora.

Papá nos habló del silencio que descendió sobre las colinas cuando la Virgen se apareció a la joven, que estaba rezando un Avemaría en ese momento. Vio cómo se animaba la cara de Alphonsine con una expresión de intensa devoción, como si el cielo le hubiera dado a su corazón una descarga de un millón de voltios.

Yo ya sabía por el Padre Rwagema, que había hablado con los miembros del clero de Kibeho a cargo de las investigaciones, que mientras los jóvenes tenían las visiones, se abstraían del mundo y solo eran conscientes de la presencia celestial que se les aparecía. Como papá nos explicó ahora, cuando la Virgen se aparecía a Alphonsine o a otros videntes, lo único que veían era a la Virgen María flotando a algunos metros de ellos y a cierta altura sobre el suelo. La muchedumbre de espectadores situados delante del escenario se transformaba, a sus ojos, en campos de flores interminables. Algunas flores estaban derechas, y parecían fuertes, bellas y llenas de vida; otras, sin embargo, estaban tronchadas y marchitas.

La Virgen María les había explicado que las flores representaban a la gente que había venido a Kibeho a escuchar sus mensajes y los mensajes de su Hijo Jesús. Las flores más sanas representaban a aquellos cuya fe en Dios era fuerte y crecía día a día, mientras que las que tenían una apariencia enfermiza representaban a individuos cuya fe en Dios necesitaba fortalecerse. Pero María siempre les decía que ella amaba a todas las flores por igual, y que los mensajes de amor iban dirigidos a ayudar a todos aquellos que iban a Kibeho a recibir sus bendiciones.

—Como siempre, Alphonsine habló con la Virgen igual que tú hablas con tu madre, Immaculée. La llamó «mi mamá», y le informó del progreso de sus tareas escolares y de cómo se llevaba con otras chicas del instituto.

Papá nos dijo que esa tarde en concreto, Alphonsine dijo

que la Virgen le había enseñado una canción para que el mundo la aprendiera. Era tan simple y bonita que, cuando Alphonsine empezó a cantarla, todas las voces se unieron y la cantaron con ella. La Virgen llamó a la canción «Los niños de Kibeho»:

Te confío mi futuro, María,
porque tú llevas la voz de Dios, María.
Cogí todo lo que tenía, María,
y me vine a tus brazos, María.
Mira cómo voy a cambiar, María,
gracias a la voz de Dios, María.
Enséñanos a nosotros, tus hijos de Kibeho,
A amarnos unos a otros, María.
Que todos te queramos, María,
Quc todos confiemos en ti, María.
Mira cómo voy a vivir
de este día en adelante, María,
porque tú me trajiste la voz de Dios, María.

Papá describió entonces cómo, al final de la aparición, Alphonsine cayó como muerta sobre el suelo del escenario, agotada física y anímicamente.

—Les pasaba lo mismo a todos —nos explicó—. En cuanto terminaba la aparición, se derrumbaban sobre el escenario, de bruces o de espaldas. Era un milagro que no se rompieran el cuello o se abrieran la cabeza. Pero parece que la Virgen les cuida como la Madre protectora que es. El Padre Rwagema me dice que los médicos de la comisión de investigación, que están siempre a mano durante las apariciones, los examinan antes, durante y después de las visiones. Y nunca encuentran nada seriamente dañado en los niños, a pesar de que a veces las posturas durante el momento de trance son muy forzadas y a pesar de las caídas que sufren cuando acaba el éxtasis.

Además de algunos médicos que estaban siempre presentes durante las apariciones, papá nos dijo que había unas monjas de la localidad que se encargaban de cuidar de los jóvenes. Dos o tres de esas monjas se apresuraron a subir al escenario para ocuparse de la chica que estaba en el suelo y, cuando recuperó la consciencia, la ayudaron a ponerse de pie y a caminar, mientras se la llevaban a algún sitio tranquilo para que descansara y se recuperase.

—Me conmovió Alphonsine —añadió—. Estaba tan extremadamente agotada después de la aparición de la Virgen que se necesitaron tres hombres para subir el peso de su cuerpo desmadejado a hombros, y solo así pudieron bajarla del escenario.

Miré esperanzada a mi padre cuando terminó de describir la aparición de Alphonsine. Entrelacé mis manos en un gesto de súplica, y con los labios verbalicé en silencio una sola petición: ¿Segatashya?

Papá levantó el brazo y giró la palma hacia mí, como un policía que hace parar a un coche que va demasiado deprisa:

—Frena, Immaculée, llegaremos a esa parte muy pronto.

Describió rápidamente las apariciones de las dos videntes que siguieron a Alphonsine: Anathalie y Marie-Claire. Yo había oído parte de las apariciones en la radio mientras él estaba fuera. Mi padre se había aprendido de memoria dos canciones cortas; una de ellas se la había enseñado la Virgen María a Marie-Claire, y yo no la había oído por radio.

Como he explicado antes, las historias son una herramienta educativa muy importante en la sociedad ruandesa, y las canciones son incluso más importantes, porque la melodía ayuda a que las palabras de la canción penetren en el corazón y en la mente. Así que no había modo de evitar que papá cantase las canciones que los videntes habían compartido con los peregrinos mientras él estaba en Kibeho.

La primera canción era una historia agridulce del sufrimiento de una madre. Se la enseñó la Virgen María a Marie-Claire durante la aparición de la tarde:

Madre de Misericordia, recuérdanos siempre
los dolores de tu hijo, Jesús.
¿Quién de nosotros no lloraría al ver las lágrimas
que la Madre de Jesús derramó por su único Hijo?
Porque las espinas que clavaron en su cabeza,
las sintió Ella en la suya propia.
Cuando oyó el sonido de la cruz
clavada en el agujero recién cavado,
su corazón saltó y se partió en dos.
Madre de Misericordia, recuérdanos siempre
los dolores de tu Hijo, Jesús.

La siguiente canción que papá nos cantó era un himno de devoción amorosa que Anathalie dedicó a la Virgen María. Papá nos dijo que la vidente había estado ayunando durante un tiempo como acto de penitencia, y estaba tan débil y cansada que su voz apenas era un murmullo.

Me conmovió tanto la historia, que me aprendí de memoria la canción y durante años la canté con voz cansada y extenuada en honor y a imitación de Anathalie:

Venimos a darte las gracias, Madre,
querida y fiel Madre.
Nadie ha sido tan bienaventurado como tú.
Deja que todo el mundo eleve su voz para alabarte,
querida Madre, la más querida por el Creador.
Todos nacimos con el pecado original menos tú,
solo tú, querida Madre, naciste Immaculée.
Todos los ángeles del Reino de Dios
cantan tu nombre en los cielos.
Querida Madre, que secas nuestras lágrimas en la Tierra,
¡te queremos!

Después de la canción de Anathalie, papá se levantó y se estiró. Después arqueó la espalda y bostezó tan fuerte que resonó por toda la casa. Sabía lo que venía después; lo había visto antes. Cuando volvía de sus peregrinaciones, nos hacía esperar a los niños todo lo que podía; teníamos que realizar nuestras tareas de la casa, los deberes, cenar —la familia era lo primero—, antes de que él nos reuniera para la sobremesa. Pero, como parecía dispuesto a hacer ahora, solía terminar en mitad de una frase, o de una historia, para anunciar que estaba tan cansado que necesitaba irse inmediatamente a la cama.

—No os preocupéis, niños —decía—. Solo necesito una buena noche de descanso. Ya os contaré el resto de la peregrinación durante la semana..., o a la semana que viene, si estoy muy ocupado.

Antes de que terminara de bostezar, pegué un salto y me coloqué entre él y la puerta del dormitorio de mis padres. Estoy segura de que mi mirada y mi cara decidida proclamaban a gritos: «¡Ni se te ocurra pensar en dormir hasta que me hayas contado todos y cada uno de los detalles de lo que hizo y dijo Segatashya!».

Mi padre sonrió ante mi resolución. No creo que me hubiera visto nunca actuar tan bruscamente, y estoy segura de que le agradaba mi pasión por los mensajes que recibía Segatashya de Jesús.

—Hace calor en casa esta noche. Creo que me vendría bien respirar algo de aire puro —anunció, y salió al vestíbulo. Miró su reloj y abrió la puerta. Allí, en el umbral, como aparecido por algún truco de magia, estaba el Padre Rwagema.

—Gracias por venir, Padre —le recibió mi padre, escoltándole hasta el salón. El sacerdote sonrió con amabilidad, nos saludó a mis hermanos y a mí, y se inclinó ante mi madre, que se fue a la cocina para traerle algo de comer y beber. A pesar de que acababa de llegar de Kibeho con mi padre ese mismo día, el Padre Rwagema parecía descansado e irradiaba energía. Se le veía feliz por los milagros de los que había sido testigo.

—He invitado al Padre Rwagema a unirse a nosotros esta noche, porque estoy convencido de que es el que más sabe de todo el país sobre Segatashya —dijo papá—. Y, por supuesto, sabía que Immaculée tendría más preguntas sobre su vidente favorito de las que yo iba a ser capaz de responder.

Una vez que el padre Rwagema se acomodó en un sillón y mi madre le ofreció algo para picar, papá siguió con la historia.

—Padre, les estaba contando sobre lo que hemos vivido y acabo de terminar la canción de Anathalie. Immaculée, sé que estás aguardando que digamos que Segatashya subió al escenario después de ella, pero tuvimos que esperar un día más antes de que llegara a Kibeho. Para entonces, los diez mil peregrinos que nos recibieron cuando llegamos allí se habían casi triplicado. Eso demuestra lo popular que se ha hecho Segatashya en un espacio de tiempo muy corto. Había por lo menos treinta mil personas arracimadas en torno al escenario la tarde de su aparición, y los vítores de la multitud eran ensordecedores cuando por fin llegó.

Papá meneó la cabeza con gesto de incredulidad, mientras describía el momento en que vio a Segatashya por primera vez.

—Con todo el jaleo, supongo que yo me esperaba ver a alguien que midiera dos metros de altura y que vistiera como un príncipe, pero el chaval que trepó al escenario parecía como si acabara de salir de un prado de vacas.

Segatashya es un adolescente, pero aparenta unos ocho o nueve años. Parecía más pequeño que las chicas que habían estado en el escenario antes que él, y, para ser sinceros, no creo que sea mucho más alto que tú, Immaculée. Se nota que su familia no tiene mucho dinero, que no tienen mucho de nada, y que son más pobres que la gente más pobre de nuestra aldea. El chico está tan delgado y esquelético que se ve que no ha tomado más que un cuenco de arroz y judías al día durante toda su vida, si es que llega a eso.

Creo que venía directamente de cuidar de las cabras de la familia, que vive a unos cincuenta km. Estaba descalzo y tenía los pies y los tobillos manchados de barro. Llevaba unos pantalones cortos de color rojo, también salpicados de barro y anudados en torno a la cintura con un trozo de cuerda. Vestía una camiseta descolorida, desgarrada en varios puntos, y era tan tímido que yo pensaba que no iba a ser capaz de mirar a nadie a los ojos.

El Padre Rwagema terminó el plato de arroz que mi madre le ofreció y se puso a rebuscar algo en una bolsa que había traído. No estaba segura de lo que andaba buscando, pero deseaba que fuera su reproductor de cintas, con una grabación de la aparición.

—Debéis recordar —dijo el Padre— que Segatashya es un chico pastor que no ha ido al colegio y que no tiene conocimiento religioso alguno. Es pagano, como sus padres, y no creo que se hubiera alejado más allá de un día de distancia de su casa antes de que se le apareciera Jesús con sus mensajes, para que los llevara a Kibeho.

El Padre Rwagema nos miró a mis hermanos y a mí:

—Niños, ¿os imagináis que la reunión más numerosa de toda vuestra vida hubiera sido una comida familiar, y de repente un día os tuvierais que subir a un escenario delante de treinta mil personas? ¿Y que todos estuvieran esperando que les transmitierais la palabra de Dios? —nos preguntó—.

¡Ese niño tiene que tener el coraje de un león! A lo mejor ese es uno de los motivos por los que Jesús le eligió como embajador del cielo en la tierra.

Papá se volvió hacia mi hermano Damascene, que tenía la misma edad que Segatashya, y le dijo:

—Cuando vi a Segatashya allí arriba, en el escenario, tan pequeño, en medio de los sacerdotes y los médicos que habían venido a estudiarle..., tan diminuto e insignificante, delante de decenas de miles de personas que habían viajado desde tan lejos para escucharle..., no pude evitar pensar en mis propios hijos. Supe que me dolería mucho como padre que un hijo mío tuviera que estar donde ese niño estaba en ese momento, enfrentándose a una presión tan enorme y cargado con el peso de tantas expectativas.

—Pero entonces fuimos testigos de una transformación sorprendente, cuando Segatashya sintió la presencia del Señor Jesús, que se le acercaba —apuntó el Padre Rwagema—. Imaginaos cómo debe ser ver *literalmente* a Dios. Por supuesto, todos nosotros podemos sentir la presencia del Señor cuando rezamos, pero ninguno de los que estamos aquí esta noche sabrá lo que es estar ante Él mientras vivamos dentro de este cuerpo humano. ¡Qué experiencia para nosotros! ¡Nos sentimos privilegiados por haber visto la cara de Segatashya cuando contempló a Jesús!

He estado en Kibeho más de una docena de veces, y puedo asegurar que la conmoción por la separación entre el mundo terrenal y el ámbito de los cielos tiene un impacto muy fuerte en cada uno de los videntes. Pero el trauma físico que experimenta Segatashya es el más extremo.

El sacerdote nos contó que se separó de su grupo de peregrinos y se subió al escenario para grabar a Segatashya hablando con Jesús.

—Yo estaba arriba con los dos médicos y algunos sacerdotes de la comisión de investigación. Había además un técnico de retransmisiones en el escenario, sujetando un micrófono que transmitía todo lo que decía Segatashya a través de un sistema de amplificadores muy potente, para que todo el mundo pudiera escuchar cada sílaba que pronunciaba el pequeño.

El técnico acababa de colocar el micrófono bajo la barbilla de Segatashya cuando el chico se arrodilló de repente, con los ojos abiertos como platos y la cara iluminada como si estuvieran enfocándole cien mil haces de luz desde las alturas.

Cuando Segatashya cayó de rodillas chocó con el micrófono, que acabó apoyado contra su pecho. En ese momento un silencio absoluto se apoderó de la multitud. Lo único que se oía en muchos kilómetros a la redonda eran los latidos del corazón de Segatashya, recogidos por el micrófono y amplificados a través del sistema de altavoces que flanqueaba el escenario.

Al principio, la frecuencia cardiaca era normal. El corazón sonaba como el de cualquier chico de su edad, con unos 60 o 70 latidos por minuto. Pero cuando el Señor se materializó ante él, el corazón de Segatashya empezó a acelerarse tanto que parecía humanamente imposible. Sonaba como si hubieran soltado un percusionista loco en su pecho.

La frecuencia cardiaca aumentó hasta 100 latidos por minuto, de ahí a 200, 300 e incluso más. Los médicos que estaban sobre el escenario estaban tan boquiabiertos como el resto de los presentes y empezaron a buscar los estetoscopios en sus maletines. Algunas personas se taparon los oídos porque el sonido llegó a hacerse aterrador. Yo pensé que el corazón del pobre chico iba a explotarle en la caja torácica.

Viendo que todos conteníamos la respiración, el Padre Rwagema nos dirigió una sonrisa tranquilizadora:

—Entonces, Segatashya sonrió de oreja a oreja. En voz alta y firme dijo: «¡Karame!» —en kinyarwanda, el idioma oficial de Ruanda, *karame* es una forma educada de decir hola. Se traduce literalmente como «¡Larga vida!»—. En cuanto Segatashya saludó a Jesús —continuó el sacerdote—, su frecuencia cardiaca recuperó la normalidad. Unos segundos después, el chico empezó a rezar el Padrenuestro, y los treinta mil que estábamos allí nos pusimos de rodillas y nos unimos a él:

Padre nuestro,
que estás en el cielo,
santificado sea tu nombre;
venga a nosotros tu reino;
hágase tu voluntad
en la tierra como en el cielo.
Danos hoy nuestro pan de cada día;
perdona nuestras ofensas,
como también nosotros perdonamos
a los que nos ofenden;
no nos dejes caer en la tentación,
y líbranos del mal. Amén.

El Padre Rwagema ya había encontrado lo que estaba buscando en su bolsa, y, como yo esperaba, era el reproductor de cintas.

—Sé que se está haciendo tarde, pero he pensado que todo el mundo, especialmente Immaculée, querría escuchar un extracto de la aparición más reciente —dijo con una sonrisa—. En esta primera parte, Segatashya le pregunta a Jesús cómo debe enfrentarse al problema de los «Tomases» llenos de dudas que se le acercaban desde el principio de las apariciones.

El Padre Rwagema le dio al *play* y allí estaba Segatashya en la habitación, hablando con Jesús, con un tono de voz tranquilo y decidido:

Señor Jesús, hay algo que creo que deberías saber. Hay mucha gente en Ruanda que no entiende todavía lo que está pasando aquí en Kibeho; peor aún, hay gente que no se cree que Tú y tu Madre os estéis apareciendo de verdad. Hay personas que se quejan de que esto no es real, que los videntes estamos contando mentiras. ¿Por qué me das los mensajes de un modo que no es fácil que la gente crea? Yo te sugeriría que les muestres tu luz, o que ellos puedan verte como te veo yo. De ese modo, verán la verdad. ¿Por qué no dejas que tu luz brille sobre ellos, Jesús? Dales tu luz para que puedan ver la verdad. Al menos, debo saber las respuestas a las preguntas que la gente me hace... Si tú no dejas que brille sobre ellos la luz del entendimiento, entonces debes darme con antelación las respuestas, para que yo pueda contestar correctamente a sus preguntas.

Mi padre rompió a reír, algo que no solía hacer nunca delante de los niños. Papá era un hombre muy cariñoso, pero era muy formal en casa porque tenía que desempeñar el papel de defensor de la disciplina. Sin embargo, la manera en que Segatashya se había dirigido a Jesús le conmovió y le encantó.

—¡Escuchad a ese chico! —dijo papá—. No solo está cuestionándole al Señor su modo de transmitir los mensajes al mundo, sino que es tan inocente y tiene un corazón tan abierto y honesto ¡que le ofrece sus propios consejos a Jesucristo!

—La forma de ser tan sencilla de ese chico tiene que ser otro de los motivos por lo que Jesucristo lo escogió como mensajero —añadió el Padre Rwagema.

—Ahora en serio —continuó mi padre, cuando la risa se lo permitió—. Incluso cuando Segatashya estaba tratando de aconsejar a Jesús, se notaba el inmenso respeto que le tiene.

—Papá —pregunté—, ¿cómo sabemos cuáles son las respuestas del Señor a Segatashya? ¿Cómo podemos saber lo que Jesús contestó cuando Segatashya le preguntó lo que le podía decir a la gente que no cree?

—Ah… lo sabemos porque después de que la aparición terminara, fui a verle detrás del escenario. Le hice la misma pregunta que tú acabas de plantear, Immaculée. Esto es lo que Segatashya tenía que decir —dijo el Padre Rwagema, dándole otra vez al *play*. Y de nuevo, ahí estaba la voz de Segatashya, esta vez repitiendo las preguntas que le había hecho a Jesús, y diciéndole al Padre Rwagema lo que le había respondido el Señor:

Cuando le pregunté a Jesús qué debía decir a los que tenían dudas, me dijo:

—Hijo mío, diles a todos los que no creen en los mensajes de Kibeho que solo deben preocuparse de creer y seguir lo que está en la Biblia… Deben creerlo y seguirlo con todo su corazón.

—Pero ¿qué le digo a los que me dicen que, como Jesús se aparece con mayor frecuencia a los videntes católicos, se verán obligados a leer la Biblia católica?

—Encontraré el corazón de todo el que cree en mí y cumple mis mandamientos, sin importar la Biblia que lea o la religión a la que pertenezca. Cuando venga buscando a mis hijos, no solo miraré en la Iglesia católica, en busca de buenos cristianos que hagan obras buenas y actos de amor y devoción. Buscaré por todo el mundo a aquellos que honren mis mandamientos y me amen con un corazón abierto y sincero… Es su amor, y no su religión, lo que les hace verdaderos hijos de Dios. Diles esta verdad a aquellos con los que hables en mi nombre: *Creed en mí, y todo lo que hagáis en la vida, hacedlo con fe y amor*.

A los que han oído hablar de Dios y se les ha enseñado a obrar tal y como Dios quiere, se les exigirá más; porque de los que han recibido mucho, se espera mucho. Nadie está obligado a creer en Dios y, sin embargo, Dios vive en el corazón de cada persona... Sigue tu corazón hasta el amor de Dios. Aquellos que viven con amor oirán la voz de Dios, porque la voz de Dios es la voz del amor.

El Padre Rwagema pulsó el botón de *stop* y dijo:

—Aunque llegara a ser tan viejo como Matusalén, no sería capaz de predicar un sermón lleno de una gracia tan sencilla y poderosa como este que Jesús le transmitió a Segatashya para que lo difundiera: *Creed en el Señor, y dejad que todo lo que hagáis en la vida esté motivado por la fe y el amor.*

Este mensaje lo he llevado conmigo desde ese día —hace casi treinta años— hasta este mismo instante. Sus palabras constituyen un reto que me esfuerzo por conseguir.

La belleza de los mensajes que escuché en mi casa aquella noche me hizo desear con más ganas que nunca realizar una peregrinación a Kibeho con mi padre, para ver las apariciones de Segatashya por mí misma. Mi padre me prometió que podría ir cuando fuera más mayor, pero las apariciones públicas de Segatashya en Kibeho duraron solamente un año. Así que tuve que aprender más sobre él por otras vías más ingeniosas que conocerle en persona.

4. Adolescente, hijo, hermano y vidente

La fama de los videntes de Kibeho creció con rapidcz con la llegada de Segatashya. Miles y miles de peregrinos confluían en el mismo pueblo, anteriormente desconocido, todos con la esperanza de poder curar sus cuerpos y almas, de aliviar sus preocupaciones diarias, por el simple hecho de estar cerca de Segatashya cuando se le apareciera Jesús.

A pesar de que las carreteras hacia Kibeho eran casi impracticables, empezaron a llegar *jeeps* y camiones del ejército atestados de peregrinos antes de cada una de las apariciones programadas. El cielo se llenaba del zumbido de los helicópteros militares los días que había aparición. Esos helicópteros, que casi nadie en las zonas rurales de Ruanda había visto en su vida, aterrizaban en los campos. En ellos viajaban gente VIP y políticos, procedentes de sus grandes mansiones de Kigali, la capital, hasta aquel lugar remoto y embarrado que era tan pequeño que no aparecía ni en los mapas. Kibeho se convirtió en el lugar más famoso del país, y todo el mundo quería que le vieran con los videntes, que eran cada vez más populares.

Incluso el presidente de Ruanda, Juvénal Habyarimana, aterrizó un día con su propio helicóptero en los terrenos del Instituto de Kibeho. ¡Después se supo que tuvo un encuentro privado con Segatashya! El país armó un gran revuelo al conocer la noticia. Todo el mundo hablaba de que el hombre más poderoso del país se había reunido con el chico pagano y analfabeto que hablaba con Jesús.

Todos esos acontecimientos dotaron a Kibeho de una atmósfera casi circense, y eso hizo que muchas personas, entre ellas mis padres, se sintieran incómodas. A ellos les gustaba la pureza de las apariciones de los videntes, pero detestaban la idea de que un verdadero milagro se estuviera utilizando con fines políticos.

La muchedumbre aumentó hasta unas proporciones incontrolables, lo que supuso una mala noticia para mí y para mi ardiente deseo de conseguir escuchar a los videntes y conocer al propio Segatashya. Conforme iba creciendo el número de peregrinos, las peticiones a mis padres para que me dejaran unirme a una peregrinación disminuían en eficacia.

—Es imposible, especialmente si el presidente ha estado allí —decía mi padre—. Quién sabe lo que podría pasar... —añadía, rechazando otra de mis súplicas para que me dejara sumarme a su siguiente peregrinación.

—Podrías morir aplastada por la multitud —apuntaba mi madre, que se angustiaba mucho por todo lo referido a la seguridad de sus hijos.

—¡Pero si voy a cumplir 13 años en enero! —protestaba yo—. ¡Si casi tengo la misma edad que Segatashya!

—Bueno, pero tú no eres Segatashya, Immaculée —afirmaba mi padre, con firmeza—. Creo que esperaremos hasta que tengas dieciséis años para dejarte ir a Kibeho a ver Segatashya.

—¡No! —exclamaba mi madre—. No puede ir hasta que no tenga por lo menos dieciocho años.

—De acuerdo. Puedes ir a Kibeho cuando cumplas dieciocho años —aseveró mi padre en una ocasión.

—No, mejor cuando cumpla veintiuno, Leonard.

—¡Dejadlo ya! —gemí.

Sabía que no le iba a hacer ningún bien a mi causa el que continuara discutiendo con los dos, y además se movían por la lógica, el amor y el imperativo paternal de proteger a su hija de cualquier daño.

Me di cuenta de que tendría que aguardar mucho tiempo antes de conocer a Segatashya y poder experimentar por mí misma lo que ocurría en Kibeho, pero eso no implicaba que tuviera que esperar para saber cosas de él y empezar a formar parte de todo aquello. Estaba decidida a enterarme de todo lo que pudiera saber sobre Segatashya y sus apariciones.

Esta determinación arraigó con fuerza en mi corazón, y finalmente se convirtió en una obsesión —¡saludable!— que continúo alimentado a día de hoy.

Escuché cientos y cientos de horas de las grabaciones que el Padre Rwagema traía a Mataba después de sus peregrinaciones a Kibeho. Redoblé mi campaña de acoso a mi padre para que me contara detalles de las comparecencias de Segatashya en el escenario, cada vez que el pobre volvía de una visita a Kibeho. Esa campaña se hizo extensiva a mis dos hermanos mayores, que tuvieron la suerte de poder acompañar a mi padre en varias peregrinaciones —por el hecho de ser chicos y más mayores que yo—. ¡Pobres Aimable y Damascene! Les volvía locos. Me pasaba horas interrogándoles para que me contaran cada palabra, expresión facial e incluso entonación de Segatashya durante la aparición.

Como describiré en próximos capítulos, al final tuve la oportunidad de conocer a Segatashya cuando yo era estudiante en la ciudad universitaria de Butare. Fue en 1992, dos años antes de que el vidente, y tantos otros que yo amaba y quería, fueran asesinados durante el genocidio. Desde entonces, he continuado buscando tanta información sobre Segatashya como me ha sido posible, un empeño que ha sido, y será siempre, una tarea llena de amor.

Por medio de mi encuentro personal con Segatashya, y a través de entrevistas que he realizado a aquellos que le conocieron —los miembros de su familia que se salvaron y los que pasaron décadas investigando las apariciones—, he logrado reunir una biografía de ese increíble joven, uno de los pocos videntes de los tiempos modernos, y un chico al que el Señor sacó de la oscuridad para que comunicara al mundo la palabra de Dios.

Segatashya nació en la choza de sus padres, a muchos kilómetros del hospital más cercano. No había ningún registro ni certificado oficial de su nacimiento. Ni siquiera sus padres estaban seguros del día exacto en que vino al mundo.

Segatashya nació en algún momento de julio de 1967, en un lugar llamado Muhora, situado en la provincia ruandesa de Gikongoro, en la zona sudeste del país, a poca distancia de la frontera con Burundi. Muhora era un pequeño racimo de chozas de barro y rediles de cabras. Como no estaba conectado con el resto de Ruanda por carretera, si vivías allí y querías ir a otro sitio, tenías que ir andando. El pueblo más cercano era Kibeho, que estaba a más de una hora de camino a través de bosques, campos, arroyos y riachuelos.

El padre de Segatashya se llamaba Matabaro; y su madre, Mukandekezi. Eran granjeros y pastores extremadamente pobres. Su matrimonio había sido acordado, según la costumbre, y se unieron mediante una ceremonia tribal tradicional. No se casaron por la Iglesia porque eran paganos, nunca habían visto una iglesia y no hubieran sabido qué hacer delante de un altar.

A pesar de que no se conocían cuando se casaron y no tenían ningún dinero, entre ellos surgió un amor profundo y su choza de una sola habitación pronto se llenó de niños: tres chicos y una chica. Segatashya era el hermano mayor.

Empezó a trabajar en el huerto de verduras de la familia cuando tenía poco más de dos años, y para cuando tenía cuatro años ya cuidaba de las cabras y ordeñaba la vaca, propiedad de la familia. De hecho, desde el momento en que podían andar sin supervisión, todos los niños trabajaban en los exiguos campos de judías de la familia o atendían a los pocos animales que poseían.

En los primeros años de crianza de sus retoños, a sus padres no se les ocurrió llevarles al colegio. Ninguno de los dos había visto un colegio cuando eran niños, y mucho menos lo habían pisado. Ni ellos, ni sus padres, ni sus abuelos, ni nadie que ellos conocieran. Estaban demasiado ocupados consiguiendo la suficiente comida para que su familia sobreviviera un día más, y no tenían tiempo para cosas tan extrañas como la educación institucional. Ninguno de sus parientes sabía leer ni escribir, y aunque hubieran sabido, no podían permitirse comprar libros, revistas ni periódicos.

A diferencia de cualquier otra casa de Ruanda, Matabaro y Mukandekezi eran tan pobres que no podían permitirse una radio para mantenerse informados de lo que ocurría fuera de su aldea. El mundo familiar se reducía a las judías que plantaban y recogían y a la leche que ordeñaban de sus cabras y de su vaca. Crecieron aprendiendo a vivir de la tierra, y su educación se reducía a una lección muy simple: *trabaja todos los días para alimentar a los que quieres, o morirán de hambre*.

La familia tenía poco tiempo para la religión. Cuando practicaban alguna forma de devoción era para rendir homenaje a los espíritus de sus antepasados. Como he mencionado, los padres de Segatashya eran paganos que honraban a los espíritus de parientes ya fallecidos y creían en Ryangombe, el gran dios de Ruanda. Entre los ruandeses paganos se creía que mientras uno venerase a los espíritus de los antepasados, todo le iría bien a la familia: las vacas producirían leche, las cabras no enfermarían, los cultivos crecerían y los niños nacerían sanos. Pero aunque los padres de Segatashya eran paganos tradicionales, no eran muy rigurosos con la realización de los ritos y rituales que el *umupfumu* local (o curandero) les animaba a practicar.

Segatashya no ignoraba que Ryangombe era el jefe de los dioses en el mundo de los espíritus, y sabía que Jesucristo era algún tipo de deidad cuyo nombre invocaban los jornaleros cuando se hacían daño o cuando se insultaban mientras se peleaban a puñetazos. Para el niño, Ryangombe y Jesús venían a ser lo mismo: un espíritu que vivía en las nubes y que hacía que a la gente le pasasen cosas buenas cuando estaba contento, y cosas malas cuando se enfadaba. Estoy segura de que si Segatashya hubiera conocido a un sacerdote católico entonces, habría asumido que el sacerdote era un nuevo tipo de curandero y la Biblia, un libro de hechizos.

La ignorancia de Segatashya era absoluta, en lo referente a la educación y la espiritualidad, a pesar de que su madre decidió que necesitaba recibir, al menos, unos estudios elementales. Los motivos de Mukandekezi eran puramente prácticos; pensaba que si querían escapar alguna vez de la pobreza en la que vivían, alguien de la familia tenía que aprender a leer.

Así que, cuando Segatashya tenía 11 años, Mukandekezi decidió que era hora de tener una charla con Matabaro.

—Nos estamos muriendo de hambre —le dijo—. Si nuestro hijo aprende a leer, podrá estudiar cosas que nosotros desconocemos, como qué cultivos son los mejores para nuestra tierra, y entonces sabremos el tipo de judías que debemos plantar en la época de siembra. ¡Es hora de que Segatashya vaya al colegio!

Matabaro estuvo de acuerdo con su mujer y llevó a Segatashya a través de los bosques a un pueblo que estaba a varios kilómetros, donde habían construido una escuela en una choza de barro.

—Estaré aquí para recogerte al final del día —le dijo Matabaro al chico, cuando le dejó ante la única puerta que tenía el colegio. Y allí es donde encontró a Segatashya esperándole cuando volvió esa tarde. Como él no había ido nunca al colegio y no estaba seguro de lo que sucedía en una clase, no sabía qué preguntarle a su hijo. Así que recorrieron en silencio todo el camino de vuelta a casa.

Durante las dos semanas siguientes, Segatashya iba solo al colegio por la mañana y volvía por la tarde. A la tercera semana, el padre fue con él un día, porque quería ver a un pariente que vivía cerca. Cuando llegaron a la puerta del colegio, se encontraron con un profesor.

—¿Quién es este chico? —preguntó el profesor, y pronto se descubrió que Segatashya no había estado más de cinco minutos seguidos dentro del colegio. No le gustaba que los otros estudiantes fueran mucho más pequeños que él, y además, no veía ningún motivo para pasarse sentado todo el día dentro de un edificio, cuando podía estar fuera, disfrutando del exterior. Así que le explicó a su padre que había aprovechado esos días para explorar los bosques y los ríos de alrededor, buscando un sitio donde plantar un nuevo campo de judías.

Matabaro llevó al chico a casa y le dio una azotaina, diciéndole que tanto si le gustaba el colegio como si no, tenía que ir y aprender. Pero Segatashya era muy cabezón y había decidido que no necesitaba las clases. Daba igual el número de veces que su padre le dejara personalmente en la puerta del colegio (o los azotes que le diera por escaparse): Segatashya se negaba a pasar un solo día encerrado en el aula. Al final, sus padres se rindieron y le pusieron a trabajar de sol a sol como jornalero y pastor, ocupaciones que le gustaban mucho más, y a las que se entregaba con alegría desde el amanecer hasta el anochecer.

—Era uno de los chicos más felices que te puedas encontrar —me dijo su hermana Christine, cuando la conocí durante uno de mis viajes a Ruanda, no hace mucho.

Christine es una de los dos únicos miembros de la familia de Segatashya que sobrevivieron. Tiene poco más de cuarenta años y es madre de una niña pequeña. Viven cerca de Kibeho, y a pesar de que yo llamé a su puerta como una completa desconocida, me invitó a pasar a su casa como si fuera una pariente desaparecida hace mucho tiempo.

Christine tenía muchísimos recuerdos de Segatashya y estaba muy contenta de poder abrir su corazón para compartirlos conmigo.

—Era mi hermano mayor, dos años mayor que yo, y me cuidaba muchísimo —me contó—. El recuerdo más nítido que conservo de cuando era pequeño es su cara: *siempre* estaba sonriendo. Era muy feliz; si pasabas cinco minutos con él, te dabas cuenta de que le encantaba la vida.

Nuestra familia era muy pobre. Vivíamos en una choza de barro muy pequeña; mis padres y los cinco niños, a veces incluso mis abuelos, y una vaca. Convivíamos todos en una sola habitación, apiñados. Allí dormíamos, comíamos y hacíamos vida. No te imaginas lo oscuro y abarrotado que estaba aquello... Pero cada vez que Segatashya entraba en la choza, la llenaba de luz. Estar cerca de él era como estar cerca de un rayo de sol. Todo lo que hacía cuando era niño, lo hacía con el corazón lleno de alegría. Se pasaba el día cantando cuando trabajaba en los campos, o silbando alguna melodía si estaba cuidando de las ovejas.

—Y era muy divertido —continuó Christine—. Me acuerdo de que una vez, cuando yo tenía cuatro o cinco años, me estaba quejando de que hacía demasiado calor en casa y había demasiada gente, así que no podía dormir... Dije que me sentía *como si estuviera ardiendo.* Me fui adormilando, pero me desperté de repente al sentir el frío de un cubo de agua helada sobre la cara. Segatashya había ido corriendo al arroyo a coger agua para refrescarme. Cuando salté de la cama, me dijo: «¡Ya puedes relajarte, Christine, creo que he apagado tu fuego!». Estuvimos riéndonos los dos hasta que nos dolió la tripa.

Después de reírse por lo bajo al recordar ese momento, Christine continuó:

—Segatashya era además un chico muy serio y responsable. Al ser el hermano mayor tenía una gran sentido del deber. A pesar de que no podía estar enjaulado en una clase, se preocupó de que los más pequeños recibiéramos algo de formación... Nos llevaba al colegio y se aseguraba de que nos quedáramos dentro hasta que daban comienzo las clases. Gracias a él, yo llegué hasta séptimo y aprendí a leer y a escribir —hizo una pausa y prosiguió—. Segatashya era el que más trabajaba de todo la familia. Sentía que su obligación era cuidarnos y asegurarse de que todo el mundo tuviera suficiente comida. Un año, yo creo que cuando él tenía unos doce años, tuvimos una mala cosecha. A mi hermano le encantaba estar en familia, pero no soportaba la idea de que pasáramos hambre. Así que, cuando se dio cuenta de que no podríamos recoger la cosecha, se fue a buscar trabajo y consiguió un puesto como pastor en una explotación agrícola y ganadera que había a varios kilómetros de casa. No se lo dijo a nuestros padres, probablemente porque sabía que no le iban a dejar ir. Y como se desvaneció sin dejar rastro, mis padres casi se volvieron locos de preocupación cuando descubrieron que había desaparecido.

Un día, varias semanas después, vino un trabajador de la explotación agrícola a dejar unos sacos de judías y de arroz en nuestra casa, diciendo que aquella comida era el pago por el trabajo de Segatashya. Papá se fue directamente a la granja y se lo trajo a casa. El granjero le dijo a mi padre que no quería que Segatashya se fuera, porque había sido un magnífico trabajador. Añadió que mi hermano se había labrado rápidamente una reputación de empleado honesto y diligente y de joven de buen carácter.

Se ganó otra azotaina de mi padre por irse de casa sin permiso, pero sonreía mientras papá le daba los azotes porque estaba muy contento de estar otra vez con nosotros. Y esa noche, durante la cena, estábamos todos contentísimos: gracias a las judías y al arroz de Segatashya, todo el mundo tenía el estómago lleno por primera vez en mucho tiempo.

—Segatashya me confesó que todas las noches había llorado hasta quedarse dormido. «Me entraba tanta nostalgia a la hora de acostarme», me dijo, «que pensaba: Ryangombe, dios de Ruanda, si mi familia no estuviera pasando tanta hambre, ¡me iría a casa en este instante y no volvería a marcharme nunca!». Este es solo un ejemplo de lo amable y cariñoso que era Segatashya; nació con un gran corazón.

Christine me contó que, aunque Segatashya lo pasó muy mal por culpa de su sentimiento de soledad esa primera vez que se fue de casa, no dudó en marcharse de nuevo al año siguiente, cuando la cosecha volvió a ser mala por segundo año consecutivo y se enfrentaban de nuevo al hambre.

—Una mañana, se levantó y vio que los cuencos de cereales de los niños estaban vacíos. Cogió su cayado y dijo: «Me voy a ganar algo de dinero para comprar comida». Salió por la puerta y estuvo más de dos meses fuera. A los pocos días de su marcha ya había empezado a mandar dinero a casa, y mis padres pudieron comprar comida para alimentarnos a todos. Nos enteramos de que Segatashya había organizado un grupo de niños granjeros que, como él mismo, se enfrentaban a momentos económicamente complicados, y se los llevó a las orillas de uno de los ríos más rápidos de la zona sur de Ruanda. El único puente que había para cruzar el río se lo había llevado el agua. Después de darle vueltas durante un tiempo, decidió ganar algún dinero ayudando a cruzar a los viajeros que se quedaban aislados en las orillas.

Segatashya y sus compañeros se agarraban de las manos y formaban una cadena humana en el agua. La gente se aferraba a los chicos como a un salvavidas mientras cruzaban llevando sus equipajes. Mi hermano era bastante bajo para su edad, pero muy fuerte, tanto de cuerpo como de espíritu. Trabajar en un río tan traicionero era difícil y peligroso, pero él estaba dispuesto a correr ciertos riesgos para mantenernos. Los pocos peniques que sacaba a la semana terminaban en la mesa de nuestra familia, y todo lo que sobró se utilizó para comprar semillas en la época de siembra.

—Segatashya era literalmente un salvador de vidas: las de nuestra familia. Quizá esa sea una de las razones por las que Jesús le eligió en una misión para salvar almas —apuntó Christine con una sonrisa.

Yo HABÍA ESCUCHADO EXTRACTOS de la primera aparición de Jesús a Segatashya desde pequeña, e incluso escribí sobre ese episodio de transformación de la vida de Segatashya en mi libro *Nuestra Señora de Kibeho*. Cuando conocí a Christine, me di cuenta de que tenía una oportunidad magnífica de escuchar una versión nueva y detallada de la historia. Le pregunté si no le importaba compartirla conmigo y no pudo haberse puesto más contenta. Me contó que ella había visto a su hermano solo unas horas después de su primer encuentro con Jesús. Su relato de ese encuentro milagroso me dejó sin palabras:

—Lo que mejor recuerdo de esa mañana —comenzó Christine—, es que empezó como cualquier otra. Segatashya salió al amanecer para dar de comer a la vaca y atender a las cabras. También me acuerdo de la voz de mi madre. Tenía un tinte de ansiedad al pedirle a mi padre que le recordara a Segatashya que comprobara si las judías que habíamos plantado estaban ya maduras. Mamá estaba preocupada porque habíamos tenidos varios años de malas cosechas seguidos. ¡Era importante para nosotros tener una buena cosecha aquel año! Aparte de eso, parecía el comienzo habitual de un día normal.

Pero esa mañana de verano cambió la vida de nuestra familia para siempre; y, como sabes, modificó el curso de la vida de Segatashya de una forma inimaginable. Me contó todo lo que le había pasado cuando volvió a casa esa tarde. Y, obviamente, yo estaba allí, y viví mucho de lo que ocurrió después.

Era el 18 de julio de 1982, y la mañana, cálida y soleada, prometía convertirse en un día estupendo. Segatashya había terminado de alimentar a las cabras y se había marchado a través de las colinas hacia nuestro campo de judías. Estaba arrodillado en la tierra, examinando los brotes, cuando notó algo muy poco corriente. Las judías no solo parecían maduras, sino que eran, en sus propias palabras, «más bonitas que ninguna» de las que había visto en su vida. Normalmente, la tierra poco fértil de nuestro campo producía judías de aspecto anémico y enfermizo; ¡y nos considerábamos dichosos si podíamos recogerlas! Así que Segatashya estaba estupefacto al ver lo que sostenía entre sus manos. Una y otra vez daba vueltas al pequeño vegetal en su palma, completamente paralizado por su tamaño y su lustre.

Mi hermano pensó que las judías eran demasiado buenas para ser verdad y no dio crédito a sus sentidos. Cogió unas pocas del suelo y se acercó al campo colindante para pedirle al vecino su opinión. Saludó al hombre y le enseñó las judías, para que las inspeccionara. «Me molestan los ojos debido al brillo del sol», le dijo Segatashya inocentemente. «Dígame, ¿nota algo raro o diferente en estas judías?».

Nuestro vecino sacudió la cabeza y contestó: «No, parece que están listas para recoger, pero yo no encuentro nada especial en ellas».

Segatashya le dio las gracias y se fue. Bajó al río a beber agua y a refrescarse, pensando que le había dado demasiado el sol esa mañana. En el camino de vuelta se sintió de pronto muy cansado y se sentó a la sombra de un árbol a recuperarse. Y entonces oyó su nombre, pronunciado por la voz más bonita que había escuchado nunca.

Yo absorbía cada palabra de Christine. Después de todo, hasta ese momento no había oído un relato de lo que le ocurrió a Segatashya desde la perspectiva de un pariente, alguien muy cercano a él y que le conocía muy bien. Percibí el modo en que ella hacía pausas mientras narraba cosas sobre su hermano; parecía que reflexionaba en la alegría que trajo a su vida y la pena que sintió después de perderle. Tenía que enjugarse las lágrimas, que unas veces eran de alegría y otras de tristeza.

Mientras contaba su historia, se puso su bebé al pecho y la amamantó.

—Nadie más lo ve, pero esta niña tan preciosa tiene los mismos ojos que Segatashya. ¿Verdad, cariño? —arrulló a la bebé, que emitía ruiditos.

Volviendo a la historia, dijo:

—Segatashya nos contó que la voz que oyó llamándole mientras estaba sentado bajo el árbol era la voz de un hombre, pero mucho más cálida y amable que la voz de cualquier hombre de los que conocía.

Christine me repitió lo que su hermano había dicho hacía tantos años, utilizando las palabras de él para contar la historia:

Al principio pensé que el calor del día me estaba provocando alucinaciones… Veía judías increíblemente bonitas, después escuchaba una voz sorprendentemente hermosa… Miré a mi alrededor para ver quién podía estar llamándome tan dulcemente, pero no había nadie. Me imaginé que había sido el viento soplando entre las ramas de los árboles, y cerré los ojos para dormir un poco. Pero entonces oí la voz por segunda vez, que me decía:

—¡El de ahí, hijo mío!

Rápidamente miré otra vez a mi alrededor, pero no se veía a nadie.

Tenía la sensación de que la voz venía del cielo. Debería haberme asustado, pero esa voz era como música sonando en mi corazón. Me sobrevino un sentimiento de paz enorme, ¡y me sentía tan feliz que quería cantar! La voz se dirigió a mí por tercera vez:

—Hijo mío, el que estás ahí, ¿si te doy un mensaje para el mundo, se lo transmitirás?

Sentía que no podía negarme, pero en realidad no importaba, porque yo quería hacer cualquier cosa que esa voz tan amable y misteriosa me pidiera. Sin dudarlo ni un momento, acepté entregar cualquier mensaje que me diera. Así que dije:

—Sí, haré lo que me pides, pero ¿quién eres? Si la gente me pregunta quién me envía, ¿qué les voy a decir?

—Ya sabes cómo son los hombres. Si te digo mi nombre, puede que no haya nadie que te escuche. Sé que hay hombres que dicen que, si alguien viene en nombre de Jesucristo, no confíes en él. ¿Ves? Puede que no comprendan y no te crean si te revelo mi identidad.

Al oír aquello, le dije a la voz:

—Si realmente eres Jesucristo, te creerán, si Tú estás dispuesto a ayudarles a creer. Por mi parte, lo haré lo mejor que pueda, siempre y cuando me des el don de la sabiduría cuando esté transmitiendo las palabras de tu mensaje.

—Soy Jesucristo. Para que me demuestres que serás capaz de transmitir lo que yo te digo a la gente, quiero que vayas ahora con un mensaje para los trabajadores de la granja de un tal señor Hubert. Diles lo siguiente, con estas palabras: «Jesucristo me envía aquí hoy para deciros a vosotros, y a todos los hombres, que renovéis vuestros corazones. Se acerca el día en que las cosas se volverán muy difíciles para la humanidad. No podéis decir que no os he avisado».

Christine terminó de dar de mamar a su niña y me dijo:

—Segatashya hizo lo que Jesús le pidió. Fue a casa de nuestro vecino Ngenzi Hubert para transmitir el mensaje palabra por palabra. Cuando llegó a la granja, Segatashya encontró a un grupo de hombres trabajando en el granero exterior, vareando cáscaras de judías secas. Se acercó a ellos y, en voz alta, les contó el mensaje del Señor. Los hombres rompieron a reír porque, aunque él no se había dado cuenta, había perdido su ropa y estaba completamente desnudo.

Algunos hombres le gritaron:

—¿Quién has dicho que te ha mandado, idiota?

Otros fueron más receptivos, y le preguntaron:

—¿Ha sido Jesucristo quien te ha enviado aquí? ¿Dónde te lo has encontrado?

Segatashya les explicó cómo se había encontrado con Jesús bajo un árbol, o al menos, cómo había escuchado la voz del Señor. Y agregó:

—Todo lo que puedo deciros es que yo oí su voz y que el mensaje que me transmitió es bueno e importante. Escucharle me llenó de paz. No es difícil de hacer, en realidad.

Solo me pidió que os dijese esto, así que me vine corriendo para acá.

Mi hermano se quedó muy sorprendido cuando los hombres le dijeron que estaba desnudo. Pensaba que iba vestido, y cuando se dio cuenta de que no tenía la ropa puesta, no supo qué había podido pasar. Gritó al cielo:

—Jesús, ¿por qué me has quitado la ropa? Estos hombres se están riendo de mí. ¿Qué les voy a decir con estas pintas?

De nuevo escuchó la voz del Señor:

—El Hijo del Hombre vino al mundo hace mucho tiempo, antes de que tú existieras, y ellos le desnudaron. ¿Crees que no llegó al cielo? Que sepas que es Él quien acaba de realizar este milagro hoy aquí.

Los hombres dejaron de reírse y acusaron a mi hermano de blasfemia. Le rodearon y le amenazaron con palos. Gracias a Dios, algunos de los trabajadores le reconocieron. Un chico salió corriendo para decirle a mi padre y a mis tíos que fueran a rescatar a Segatashya, y una señora mayor que conocía a mi madre llegó con una manta y le tapó.

Cuando le estaba envolviendo con aquella manta, le susurró:

—Chico, ¿dónde dices que te has encontrado con Jesús?

Segatashya le dijo otra vez que no se había encontrado con Jesús en persona, que solo había oído su voz, y que le había pedido que viniera a la granja de Hubert para decirle a la gente que purificara su corazón, porque el regreso de Cristo estaba próximo.

La mujer ató la manta alrededor de la cintura de Segatashya y le dio un consejo:

—No puedes esperar que esta gente crea que vienes con un mensaje de Jesús si estás totalmente desnudo. Pero eres un chico tan inocente y honesto que algunos de nosotros creemos que es cierto que has venido aquí con un mensaje de Dios. Queremos escuchar tus palabras, aunque la mayoría de estos hombres, al verte desnudo, se enfadan y eso les hace sordos a todo lo que dices.

Segatashya me contó luego que fue en ese momento cuando Jesús se le apareció, y por primera vez vio al Señor con un cuerpo humano.

De nuevo, la voz de Christine volvió a contar la historia en voz de su hermano:

Acababa de transmitir el mensaje del Señor a los trabajadores de la granja de Hubert cuando la voz de Jesús me dijo que estaba contento del modo en que había entregado su mensaje:

—Gracias por lo de hoy. Has transmitido muy bien este mensaje, hijo mío. Ahora, mira hacia arriba y contempla al que ha estado hablando contigo.

Miré hacia arriba y, de repente, el cielo se dividió en dos, como un trozo de tela que se rasga. Una luz resplandeciente lo envolvió todo. Era tan cegadora que lo que había a mi alrededor desapareció en un destello: la gente, la granja, las colinas y los árboles. Todo se desvaneció.

Era muy extraño, porque podía ver, pero lo que veía era completamente desconocido para mí. Estaba en un mundo nuevo y diferente. Yo solo, en mitad de un inmenso mar de césped verde, que olía de maravilla. La luz brillaba cada vez más, y el cielo se llenó de un millón de flores blancas, mucho más bonitas de lo que nadie pueda imaginar.

Jesús apareció en el cielo, entre las flores. Estaba rodeado de un halo de luz muy intensa, y esa misma luz brotaba también de su interior. Flotaba a mucha altura sobre mí, envuelto en la luz y las flores, que ahora parecían estrellas. Era el hombre más guapo que había visto en toda mi vida. Tenía poco más de treinta años. Su piel era oscura, pero ni la mitad de oscura que la de una persona de Ruanda. Estaba vestido con la túnica tradicional de un ruandés, y la tela brillaba como si estuviera tejida con hilo de oro y plata. Todo el tiempo que estuve mirando hacia arriba, sentía como si me estuvieran rodeando unos brazos llenos de amor. Mi alma estaba en paz, y mi corazón era más feliz que nunca.

Jesús me sonrió y me preguntó:

—¿Has podido verme bien, al que te ha enviado?

Le llamé «Señor» y le dije que le podía ver muy bien.

Me dijo:

—Lo has hecho muy bien hoy, hijo mío, e hiciste un buen trabajo entregando mi mensaje a esos hombres. Ahora, ve y practica mi mensaje, y si sigues difundiéndolo bien, vendré a verte muy pronto otra vez.

Después de una pausa para dejarme asimilarlo todo, Christine continuó, empleando de nuevo sus propias palabras:

—La mente de Segatashya se transportó de nuevo al mundo que conocemos y se vio en mitad del patio del señor Hubert. Mientras había estado sumido en el éxtasis mirando a Jesús, los hombres de la granja le habían rodeado. Algunos estaban enfadados y blandían palos contra él, como si quisieran pegarle.

Por suerte, llegaron mis padres y mis tíos y se interpusieron entre Segatashya y los hombres. Mi padre les advirtió de que no se les ocurriera poner ni un dedo sobre su hijo, y preguntó qué había ocurrido. Mi hermano le explicó que Jesús le había pedido que viniera a la granja del señor Hubert, para decirle a los trabajadores que preparasen sus almas porque el fin del mundo estaba cerca.

Aquello hizo que los hombres volvieran a enfadarse y le gritaron a mi padre:

—¿Ves, ves? Tu hijo está loco. ¡Está borracho, ha debido beber cerveza! Es un mentiroso. Está fingiendo que es como una de las niñas videntes de Kibeho, ¡pero solo es un borracho mentiroso!

Papá salió en defensa de Segatashya.

—¿Qué os pasa? ¡Mi hijo es solo un niño! No ha estado borracho en toda su vida, ¡y no está loco ni es un mentiroso! Es un buen chico… Habrá estado demasiado tiempo al sol o se habrá caído y se habrá dado un golpe en la cabeza. En lugar de amenazarle, deberíais haberle ayudado. ¡Deberíais avergonzaros de vosotros mismos!

Tras eso, cogió a Segatashya en brazos y lo llevó a casa. Mientras papá le llevaba, mi hermano iba pensando todo el rato en las últimas palabras de Cristo al final de la aparición:

—Ahora, ve y practica mi mensaje, y si sigues difundiéndolo bien, vendré a verte muy pronto otra vez.

Segatashya me dijo que, mientras estaba con Jesús, sentía una alegría indescriptible, que durante esos momentos no le importaba nada más: ni los campos, ni su casa, ni su familia. Todo lo que quería era estar con Jesús y no volver nunca más. Jesucristo le había prometido regresar si difundía bien su mensaje, así que se propuso practicar mucho para que Cristo volviera cuanto antes.

Mientras papá y los tíos llevaban a casa a Segatashya, él les habló del mensaje del Señor. Les decía que debían purificar sus corazones porque Jesús volvería pronto al mundo y todos tenían que estar preparados.

Mi hermano seguía repitiendo el mensaje una y otra vez cuando mi padre lo metió en nuestra choza y lo acostó en su cama. Mamá corrió hacia él y le puso las manos en las mejillas. Parecía delirar, pero no tenía fiebre ni ningún síntoma de traumatismo craneal. Mi madre nos envió a traer cubos de agua fría del arroyo. Se pasó el resto del día y toda la noche sentada al lado de Segatashya, refrescándole con esponjas y poniéndole compresas de agua fría en la frente.

Las lágrimas le corrían por la cara al ver que no mejoraba. Le daba miedo que alguien vengativo hubiera envenenado a su hijo mayor, o peor aún, que Segatashya hubiera ofendido a algún curandero local y que este hubiera usado magia negra para echarle una maldición.

La gente de la granja de Hubert empezó a hablar de Segatashya, el chico desnudo que afirmaba ser un mensajero de Dios. Al amanecer del día siguiente, dos docenas de personas se habían reunido en el exterior de la cabaña, pidiendo ver al niño que había hablado con Jesús. Algunos le insultaban, a él y a toda nuestra familia, llamándonos idólatras paganos e infieles impíos que ofendían a Jesús, pero otros querían oír lo que el Señor le había dicho a Segatashya. Mis otros hermanos y yo estábamos muy confusos; no sabíamos quién era Jesús o por qué la gente estaba enfadada con Segatashya, que era el chico más simpático del mundo.

Recuerdo que mi padre, que estaba muy preocupado y muy pendiente de la salud de Segatashya, salió de casa a toda velocidad y se puso a gritar a los que estaban fuera, para que se marchasen:

—Mi hijo está enfermo. ¿Por qué nos molestáis? ¡Marchaos de nuestra casa! El ruido que hacéis está poniendo nerviosas a las cabras; marchaos antes de que se escapen. Somos demasiado pobres como para comprar cabras nuevas. ¡Dejadnos en paz!

Luego se metió en casa y empezó a gritarle a Segatashya:

—¿Qué te pasa? ¿Por qué estás diciendo todas esas tonterías? No estás enfermo, ni te diste un golpe en la cabeza... ¡Estás perfectamente sano! ¿Por qué te sientas a murmurar sobre alguien llamado Jesús, cuando deberías estar recogiendo las judías antes de que se pudran en el suelo? ¡Ni siquiera sabemos quién es ese Jesús!

Fuera se congregaba cada vez más gente, docenas y docenas de personas, y Segatashya se levantó de su jergón y salió al jardín delantero para hablar con ellos. Se arrodilló en el suelo lleno de barro y entró en otro estado de trance. Creo que ese fue el comienzo de la segunda aparición de Cristo, pero no pude ver mucho. Papá me metió en casa y cerró la puerta de golpe, diciendo:

—Ese chico está jugando con nosotros. Por mí, puede quedarse ahí fuera si eso es lo que quiere. ¡Mirad a esos lunáticos que vienen a verle! Medio país está en nuestro jardín... ¡No quiero que ninguno de vosotros le preste atención mientras siga así!

Mi madre se puso histérica. Intentó salir para asegurarse de que su hijo estaba bien, pero papá se lo impidió. No sé cuánto tiempo permanecimos sentados en la oscuridad —mientras fuera hacía un día espléndido—, esperando que Segatashya terminara lo que estuviera haciendo. Cuando por fin abrió la puerta y entró, estaba sonriendo y parecía muy, muy tranquilo.

Papá fue derecho hacia él:

—¿Quién es? ¿Quién es ese Jesús que se ha apoderado de tu cerebro? ¿Es algún dios nuevo del que nunca he oído hablar? ¿Es algún tipo de curandero? ¿Quién es? ¡Contéstame ahora mismo!

Y entonces, por primera vez, Segatashya intentó explicarnos a nosotros, su familia, quién era Jesús:

Todo lo que puedo deciros es que Jesús vino a verme, y que vive en un paraíso más allá de este mundo. Es mucho mejor que cualquier ser humano de los que conozco. Tiene un poder maravilloso y aterrador: así es el poder de su amor. Ama a cada persona de este mundo con una fuerza mayor que el calor del sol o que un millar de cascadas. Creó este mundo y todo lo que hay en él, incluyendo a todas las personas.

Me dijo que la tierra acabará envuelta en llamas, y que Él volverá al mundo y se llevará al cielo a todos los que viven con un corazón puro y le aman, para que estén con Él por toda la eternidad. Nuestros corazones deben ser puros cuando Él vuelva; debemos vivir como Él vivió cuando estuvo en la tierra hace mucho tiempo. Es el hombre más honorable y el espíritu más puro del universo. Debemos respetarle, adorarle y amarle con todo nuestro corazón y con toda nuestra alma. Tenemos que cumplir su voluntad, y ahora debo compartir este mensaje con todos los que han venido a nuestra choza buscando sus palabras.

—Tras eso, Segatashya se levantó de su jergón y salió a hablar con dos o tres personas que había delante de casa. Les dijo:

—Habrá mucho sufrimiento en el mundo en los tiempos venideros. Se derramarán muchas lágrimas si las personas no cambian sus corazones y empiezan a amar verdaderamente a Jesús, a amarse unos a otros y a vivir una vida recta. Todos debéis renovar vuestros corazones y prepararos para encontraros con Jesús cuando Él vuelva.

Mi padre estaba furioso. Corrió afuera, agarró a Segatashya de la oreja y lo metió dentro de casa. Le pegó mucho y muy fuerte, pero mi hermano no se quejó. En lugar de eso, le pidió a papá que le dejara salir para contarle a la gente el mensaje del Señor. Eso enfadaba a mi padre aún más:

—¡Tú no vas a ningún sitio, y no vas a hablar con nadie!

Agarró algunas ropas y le ató los pies y las manos a la pared de la choza.

—Te desataré cuando dejes de hablar y vuelvas a trabajar en el campo. ¡Hasta entonces, te quedarás donde estás!

Cuando nos despertamos a la mañana siguiente, vimos que las ataduras de Segatashya estaban deshechas y que estaba fuera en el jardín, de rodillas y mirando hacia el cielo.

Se le veía muy feliz; tenía una gran sonrisa en la cara y movía afirmativamente la cabeza, como si estuviera de acuerdo con lo que alguien le decía. Había muchas personas en el jardín, contemplándole en silencio, asombrados. Cada pocos minutos llegaba más gente. Yo no lo sabía entonces, pero en ese preciso instante, Segatashya estaba hablando con Jesús. Era el 4 de julio de 1982 y mi hermano tenía otra aparición. Por suerte, papá se había ido a recoger la cosecha; si no, habría vuelto a pegar a Segatashya allí mismo, ¡sin importarle con quién estuviera hablando!

Parecía como si pasaran horas y horas... Segatashya decía cosas que yo no entendía, pero después supe que eran oraciones y cosas de la Biblia que Jesús le estaba enseñando. En algún momento de la tarde se levantó y empezó a predicar a la multitud que se había congregado. Había entre cuatrocientas y quinientas personas, y todos los ojos estaban puestos en él. Esto fue lo que les dijo:

Jesús os dice esto:

Buscad mi verdad cada uno de vosotros, y seguid el sendero que he señalado en la Biblia para que lo siga toda la humanidad. Que cada hombre y cada mujer sean fieles a toda palabra que yo haya dicho. Que todos los que sepan que estuve en esta tierra, sepan ahora que volveré al mundo para pedirle cuentas a cada uno. Juzgaré si habéis vivido vuestras vidas de acuerdo con mis palabras, porque mi palabras son un tesoro divino. Todos los que anteponen los placeres terrenales a la verdad de mis palabras, ponen en riesgo su alma eterna. Buscad mis palabras en Mateo 24, 35: *El cielo y la tierra pasarán, pero mis palabras no pasarán.* Y leed mis palabras, que han sido recogidas en la Biblia, para que estéis seguros de que todo lo que digo ahí es verdad y sucederá.

Christine sonrió ante el recuerdo.

—Mis hermanos y mi madre estaban atónitos al escuchar

a nuestro tímido Segatashya hablando tan seguro y con tal autoridad a tanta gente, entre la que había personas con estudios y sacerdotes. No nos perdíamos detalle de lo que decía, pero estábamos totalmente desconcertados, intentando entender dónde había conseguido tanta información. Segatashya no sabía leer ni una sola palabra, no había estado nunca dentro de una iglesia y no había visto una Biblia en su vida. Ni siquiera sabía lo que era una Biblia. Y, sin embargo, estaba citando pasajes de la Biblia… Más adelante, nos dijeron que las palabras que había citado eran exactamente las que aparecían en el Nuevo Testamento, o muy similares.

Después de hablar con la gente, entró en casa para despedirse de nosotros:

—Jesús me ha dicho que me tengo que ir a Kibeho, donde las niñas videntes están hablando con su Madre. Debo ir allí para recibir más mensajes suyos. Me voy ahora y volveré cuando Jesús me lo diga.

Segatashya se fue a Kibeho, y no mucho después empezó a hablar con Jesús desde el escenario donde las otras videntes veían a la Virgen María. Se hizo famoso en todo el país. Miles de personas vinieron a casa para oírle hablar con el Señor, o para preguntarle cómo era Jesús o lo que significaban sus mensajes.

No te puedes hacer una idea del caos que se armó después de que mi hermano se hiciera famoso en Kibeho. Nos pisotearon los campos y nos tiraron la valla al intentar acercarse a él. Casi nos destrozaron la choza, buscando algún recuerdo para llevárselo a casa. Recuerdo a un hombre llenándose los bolsillos con piedras de nuestro patio, a un chico que cogió una camisa vieja de Segatashya y una mujer que escarbó para coger una patata de nuestro huerto como si fuera una especie de reliquia. Aunque la mayoría de nuestros visitantes eran devotos y querían escuchar los mensajes de Cristo, había algunos que insultaban a Segatashya y al resto de la familia cada vez que entrábamos o salíamos de la cabaña.

Fue muy difícil para mi padre, que no sabía cómo lidiar con toda esa gente y sentía que ya no era capaz de proteger a su familia. También le resultó difícil dejar marchar a su hijo a Kibeho, porque siempre había sido muy trabajador. Segatashya todavía realizaba sus tareas, pero si Jesús le decía que se fuera a Kibeho para transmitir un mensaje, se marchaba inmediatamente. O si estaba trabajando en el campo y venía alguien preguntándole por los mensajes, lo dejaba todo y se ponía a hablar durante horas con esa persona, hasta que se aseguraba de que había comprendido las palabras del Señor.

Nos había prometido que nos ayudaría todo lo que pudiera con el campo y con las cabras, pero Jesús le había dicho que su misión era extender la palabra de Dios. El Señor le instó a preservar su fuerza y dedicar todo su ser a extender los mensajes que recibía, porque había que comunicarlos al mundo entero.

—El objetivo principal de mi vida es hacer llegar los mensajes de Jesús a todo el mundo; lo demás es secundario. El Señor debe ser siempre lo primero, nos dijo mi hermano.

Jesús envió a Segatashya a otras regiones para predicar los mensajes del cielo, y había largos períodos de tiempo en los que no le veíamos. Pero la gente seguía viniendo a casa a diario, esperando vislumbrarle. Llamaban a la puerta a todas horas, pidiendo hablar con Segatashya, y había doscientas o trescientas personas permanentemente acampadas alrededor de nuestra choza. El acoso resultó excesivo para nosotros y mi padre decidió que nos mudáramos tan lejos de Kibeho como fuera posible. Mi hermano no quiso venirse; quería estar cerca de Kibeho y del lugar donde Jesús habló con él por primera vez.

Con el paso del tiempo, fuimos conscientes de lo sería que era la misión de Segatashya. Íbamos a escucharle cuando había una aparición en Kibeho. Si estaba en casa con nosotros, nos rogaba mañana, tarde y noche que nos uniéramos a él en oración. Hablaba constantemente de los mensajes de Jesús, incluso cuando estaba dormido. Los mensajes llegaron a formar parte de él; si no estaba rezando o transmitiendo algún mensaje, cantaba las canciones que el Señor le había enseñado.

Recuerdo una que cantaba mucho y que le sigo cantando a mi hija:

Un mandamiento nuevo os doy,
que os améis unos a otros como yo os he amado.
Querido Dios, he elegido seguirte,
y te alabaré toda mi vida.
Bendito el que no hace compañía a los pecadores;
bendito el que no se junta
con los que se burlan de los demás.
Un mandamiento nuevo os doy,
que os améis unos a otros como yo os he amado.
Querido Dios, he elegido seguirte
y te alabaré toda mi vida.

Cuando Segatashya estaba en casa, nos recordaba constantemente que debíamos dejar de trabajar varias veces al día para pensar en nuestras almas y en la vida eterna. Nos decía que no había nada más importante, y que debíamos sacar tiempo para eso. Si nos quejábamos de que no teníamos tiempo para rezar —porque teníamos que trabajar para conseguir comida y dinero—, nos reprendía diciendo:

—No os dejéis tentar por las riquezas de este mundo. Todo eso pasará y lo que está ahora en la tierra, también pasará…

Sed felices con lo que tenéis, y dad gracias por el tiempo que tenéis para rezar y para haceros mejores personas.

Al final llegamos a creer en lo que Segatashya nos decía, y vimos los buenos frutos de nuestras oraciones y la sabiduría que contenían los mensajes. Él se bautizó menos de un año después de la primera aparición de Jesús, y el resto de la familia siguió su camino. Todos fuimos bautizados en la fe católica.

Recuerdo que de niña pensaba que mi hermano convirtió los corazones de nuestra familia para que aceptáramos a Jesús, y después se marchó para convertir los corazones del resto del mundo —me confesó Christine—, con los ojos inundados de amor.

5. *Buscando a Segatashya*

Después de la publicación de *Sobrevivir para contarlo*, tuve la suerte de recibir cientos de invitaciones de grupos de todo el mundo para compartir mi historia con ellos: en esencia, querían saber cómo encontrar a Dios en medio de un holocausto y cómo fui capaz de perdonar a los asesinos de mi familia durante el genocidio de 1994.

Me puse muy contenta cuando supe que mi libro había llegado al corazón de tanta gente y que había muchas personas deseando pedir perdón y perdonar. Y, por supuesto, yo estaba (y estaré siempre) más que dispuesta a ir a donde me llamen para hablar sobre la gracia del amor de Dios y el perdón que todo lo cura.

Todas esas conferencias me han llevado a muchos países. Vaya donde vaya, me encuentro con que, a pesar de las costumbres y los idiomas diferentes, los que vienen a escuchar mi historia tienen algo en común: un corazón abierto de par en par para recibir mis palabras y lo que quiero transmitir: que la fuerza más grande y redentora del universo es el poder del amor de Dios y su perdón.

¿Y qué mejor expresión de ello que los mensajes que María y Jesús nos hicieron llegar en Kibeho? ¿Qué mejor expresión del poder redentor del amor de Cristo que lo que nos contó a través de Segatashya, asegurándonos la vida eterna en el paraíso si nuestros corazones abrazaban el amor de Dios?

A pesar de que en mis dos primeros libros había pocas menciones sobre Kibeho, durante las conferencias me pedían que hablara de las tres jóvenes videntes aprobadas por la Iglesia. Eso era algo que me encantaba, y en cuanto me era posible sacaba el tema del niño pagano que hablaba con Jesús: mi favorito, Segatashya. Y yo hablaba de él y su extraordinaria relación con el Señor.

Cuando alguien se me acerca después de una de mis conferencias, la mayoría de las veces por lo primero que me preguntan es por Segatashya. Me ha pasado cientos de veces, tanto en Japón como en Islandia. Se me acelera el pulso cuando alguien me pregunta por Kibeho y por mi querido Segatashya, y me preguntaban tanto por ellos que estaba segura de que me iba a dar algo si continuaba así.

La gente tenía tanto interés por Kibeho que decidí escribir un libro y por eso empecé a trabajar en *Nuestra Señora de Kibeho*. Pero antes de empezar a escribir quería hacer otra peregrinación, para conseguir tanta información sobre aquellos jóvenes videntes y sus mensajes como pudiera.

Cuando me senté a planificar el viaje, empecé a pensar en todos los que se habían interesado por Segatashya. Me hubiera gustado poder llevármelos a Ruanda conmigo para que experimentaran por sí mismos lo que significaba visitar Kibeho y estar en el mismo sitio donde habían estado los jóvenes cuando se les aparecieron la Virgen María y Jesús. Y entonces pensé, ¿por qué no llevarlos a todos a Ruanda? Por supuesto que no podía llevármelos *a todos*... ¡necesitaría mi propio *jumbo* para poder hacerlo! Pero no había ninguna razón por la que no pudiera llevarme a unos cuantos.

Inmediatamente, llamé a una amiga mía experta en logística de viajes de grupo y le pregunté qué se podía hacer. Me sugirió que no fuera con más de una docena de personas a la que ella preveía como la «primera peregrinación de América a Kibeho» de una serie de muchas que yo iba a realizar. Enviamos algunas invitaciones y la respuesta fue inmediata y abrumadora; pronto tuvimos a nuestra docena de peregrinos americanos listos para el viaje, así que reservamos nuestros pasajes a Kigali.

No podía más que reír ante la ironía de la situación, recordando cómo mis padres me prohibían unirme a las peregrinaciones del Padre Rwagema a Kibeho. ¡Y ahora era yo la que guiaba a un grupo de peregrinos hasta allí! ¡Qué misteriosos son los caminos del Señor! Mis padres debían estar sonriendo desde el cielo.

Los rostros nerviosos de esos primeros peregrinos americanos al aterrizar en el aeropuerto internacional de Kigali están grabados en mi memoria. El cansancio de todos fue superado por la alegría de completar la primera etapa de nuestra peregrinación.

Me reí mucho cuando uno de los peregrinos me preguntó si Segatashya había volado alguna vez desde ese aeropuerto. A pesar de que el aeropuerto de Kigali es pequeño y sencillo, era divertido imaginarse al pequeño agricultor de pies descalzos subiéndose a bordo de un avión comercial. Pero cuando dejé de reír para contestar a la pregunta, me di cuenta de que no sabía si Segatashya había montado en avión alguna vez. De hecho, caí en la cuenta de que, a pesar de que conocía su voz tan bien como la de mi propio hermano y que había memorizado muchos de sus mensajes, había muchas cosas sobre él que aún ignoraba.

Todo lo que sabía sobre la vida de Segatashya eran retazos de sus orígenes familiares; el que sus apariciones públicas habían empezado el 2 de julio de 1982 y terminaron exactamente un año después; unos pocos detalles de sus viajes locales; y que trabajó durante un tiempo en la Universidad Nacional (donde le conocí) antes del genocidio. ¡Era muy poca información para alguien que, como yo, estaba planeando escribir un libro sobre él!

Hubo un tiempo en que tenía montones de cintas de Segatashya hablando, y pilas de cuadernos en los que había transcrito muchos de sus diálogos con el Señor, al igual que los recuerdos del Padre Rwagema, que había entrevistado a los jóvenes videntes en incontables ocasiones. Pero todo ese material se perdió durante el genocidio, cuando los asesinos que mataron a mi familia prendieron fuego a nuestra casa y lo quemaron todo, reduciéndolo a cenizas. Y para empeorar las cosas, a mí se me ocurrían muy pocas personas que hubieran sobrevivido al genocidio y que hubieran conocido al vidente en persona.

Cuando recogimos el equipaje recé una oración a la Virgen María, pidiéndole que me guiara hasta alguien que hubiera conocido bien a Segatashya y que me pudiera dar información. Menos de una hora después de salir del aeropuerto, la Virgen había respondido a mis plegarias.

Con la ayuda de la amiga que me ayudó a planificar la peregrinación, había alquilado un minibús para recoger a nuestro grupo del aeropuerto y llevarlo al alojamiento, situado a las afueras de Kigali. Había decidido que los peregrinos pasaran un par de días de descanso y oración para recuperarse del largo vuelo y aclimatarse a África. Sabía que estarían encantados de esa pausa, sobre todo cuando se enteraran de que se tardaban entre seis y ocho horas en llegar a Kibeho, por carreteras montañosas llenas de curvas. A eso había que añadir un trayecto de casi 50 km de montaña rusa por una carretera con más de doscientos años, llena de baches de tamaño descomunal desde el principio hasta el final.

—Relajaos y disfrutad del paisaje antes de que salgamos hacia Kibeho —dije a través del sistema de megafonía del autobús cuando aparcamos en el patio del Hogar de la Caridad, una casa de retiros católica en la que nos habían invitado a alojarnos durante nuestra estancia en Kigali. Fundada en Francia en torno a 1930, la orden de las Hermanas de la Caridad se ramificó en seguida y se extendió por todo el mundo. Hoy en día tienen casas en muchos países, para los miles de viajeros y peregrinos que buscan un refugio tranquilo para la reflexión espiritual.

El Hogar, situado en las afueras de Kigali, ofrece una vista espectacular de las colinas que salpican el paisaje de Ruanda. Observé con orgullo a los peregrinos mientras se bajaban del autobús y se quedaban boquiabiertos, contemplando la belleza de mi país natal.

—Ya veo por qué María y Jesús quisieron venir a Ruanda —dijo entusiasmado uno de mis amigos americanos—. Esto es el paraíso; es casi como el cielo en la tierra.

El director del Hogar nos dio la bienvenida después de que nos hubiésemos instalado en nuestras habitaciones. Su nombre era Félicien Mubiligi; se definía humildemente como un simple párroco y nos pedía que le llamásemos Padre Félicien a secas. Yo no tenía ni idea de que el Padre Félicien, un hombre extremadamente amable y un sacerdote muy compasivo, era el director de aquella casa… pero nada podría haberme hecho más feliz.

El Padre Félicien desempeñó un papel crucial en la aprobación oficial de las apariciones de las tres jóvenes videntes de Kibeho: Alphonsine, Anathalie y Marie-Claire. Y yo creo que su trabajo (él ya ha fallecido) será un día fundamental para que la Iglesia reconozca oficialmente los mensajes y las apariciones de Segatashya, ya que el Padre Félicien ha estudiado en profundidad el contenido religioso de todas y cada una de ellas.

La conexión del Padre Félicien con Kibeho empezó en 1982 cuando el entonces obispo de Butare, Jean-Baptiste

Gahamanyi, creyó —a nivel personal— que las apariciones de la Virgen a Alphonsine, Natalie y Marie-Claire eran auténticos milagros. Sin hacer ninguna declaración oficial sobre su validez, el obispo Gahamanyi decidió demostrar la veracidad o falsedad de las apariciones reuniendo a miembros de las principales asociaciones médicas y teológicas de Ruanda para que examinaran a las jóvenes y estudiaran el contenido de sus visiones.

El obispo Gahamanyi seleccionó cuidadosamente a los miembros del equipo de «detectives» y los envió a Kibeho para analizar minuciosamente las apariciones. Sabía que podían prolongarse durante años y que las investigaciones se enfrentaban a algunos peligros serios (¡en cualquier sitio donde se lleva a cabo un buen trabajo de Dios, Satanás siempre intenta sembrar la oscuridad!). Necesitaba gente con carácter y dedicación, dispuesta a poner a prueba su fe y a comprometerse a años de trabajo duro y estudio riguroso.

Cuando el obispo Gahamanyi quedó convencido de que había reunido a las mentes mejor preparadas del país, los dividió en dos unidades de investigación diferentes: el equipo teológico y el equipo médico-psiquiátrico. Al final, los dos equipos se dieron a conocer como una única entidad, la *comisión de investigación*, que ya he mencionado con anterioridad. Después de que la comisión empezara a estudiar a las jóvenes, el obispo Gahamanyi aprobó Kibeho como lugar de devoción pública en Ruanda. También aprobó la financiación del escenario al que se subirían durante las apariciones y la instalación de un moderno sistema de megafonía, para que los mensajes pudieran ser retransmitidos a todo Kibeho y para que llegaran a cada una de las casas del país a través de la radio.

Pero el obispo llegó incluso más lejos, se desvivió para apoyar de modo público y privado a las videntes. Se hizo amigo personal de Segatashya y le invitaba a comer y a dormir en su casa de Butare, cuando el joven pastor tenía que viajar a Kibeho desde el pueblo de sus padres para difundir los mensajes de Jesús.

La urgencia de los mensajes de Segatashya sobre el fin del mundo y su aviso de que todos debemos preparar inmediatamente nuestras almas para el día del Juicio Final, pudo ser lo que provocó que el obispo rompiera con el protocolo habitual de la Iglesia. Antes de que el Vaticano hubiera emitido ningún comunicado oficial sobre Kibeho, el obispo Gahamanyi concedió una entrevista a una agencia internacional de noticias y declaró públicamente: «No tengo ninguna duda de que ha ocurrido algo sobrenatural en Kibeho. El mensaje es verdad; la gente debe sentirse preocupada».

La audacia del obispo sorprendió a algunos miembros de la jerarquía eclesiástica, pero se ganó los corazones de muchos peregrinos cuya fe había nacido o se había reafirmado gracias a los mensajes de Kibeho. Su valentía también le granjeó la lealtad de por vida de muchos miembros de la comisión de investigación, incluyendo al Padre Félicien.

El Padre Félicien era un experto en todo lo relativo a Kibeho, así que no tuve que preocuparme sobre cómo entretener a los peregrinos durante aquella primera noche en Kigali; todos querían hablar con el sacerdote sobre los videntes de Kibeho y descubrir todo lo relativo a las conversaciones de Segatashya con Jesús.

Nos reunimos para cenar con él en el espartano comedor del Hogar de la Caridad, donde hablamos de Segatashya desde la cena hasta altas horas de la madrugada. Incluso después de que algunos se hubieran ido a la cama, yo seguí hablando con el Padre Félicien. Nuestra conversación se prolongó, con descansos de por medio, durante los tres días siguientes. Todo ese tiempo yo llevaba un cuaderno y mi grabadora siempre a mano. Estaba segura de que la Virgen María me había llevado hasta él y no quería olvidar ni una sola de sus palabras.

—No puedo declarar *oficialmente* que Segatashya fuese un auténtico vidente —afirmó el Padre Félicien, después de bendecir la mesa y de que empezáramos a cenar—. No soy quién para decirlo, y la decisión corresponde al obispo y al Vaticano. Pero quiero deciros algo antes de seguir: de todos los jóvenes a los que entrevisté y estudié durante el tiempo que fui miembro de la comisión de investigación, fue Segatashya quien me hizo creer en las apariciones de Jesús y María en Kibeho. ¡Es la pura verdad!

Ese adolescente tan bajito, que nunca había oído hablar de Jesús antes de aquellos momentos, me hizo creer que María y Jesús estaban visitando Ruanda; y durante todos estos años, mi convicción no ha flaqueado. Por supuesto que sé que la Iglesia no ha reconocido sus apariciones —al menos todavía no—, pero puedo decir honestamente que, después de estudiar sus mensajes y de hablar con él durante muchas entrevistas a lo largo de varios años, nunca dudé de la veracidad de nada de lo que dijo. Y puedo deciros que altas autoridades de la Iglesia sienten exactamente lo mismo que yo.

Siempre hay escépticos y con razón. A principios de los 80, después de la primera aparición, parecía como si los videntes salieran de debajo de las piedras en Ruanda. Más de cien personas aseguraron que tenían visiones y la comisión de investigación estudió muchos de aquellos casos. Afortunadamente, era facilísimo descartar las declaraciones falsas. Muchos pensaron en sacar un provecho personal; otros querían llamar la atención, tenían trastornos mentales o estaban influidos por fuerzas demoníacas. Depurábamos esos casos y dábamos carpetazo a los falsos.

Cuando llegamos al núcleo de un grupo de aproximadamente una docena de videntes, la comisión de investigación fue muy metódica y meticulosa. Investigamos las apariciones en el orden en que ocurrieron; es decir, las primeras apariciones tuvieron prioridad. Como sabéis, las tres primeras fueron las de la Virgen María a Alphonsine, Anathalie y Marie-Claire. Empezamos a analizar esos casos.

Aunque la Virgen se le apareció a Segatashya en varias ocasiones, la mayoría de los mensajes que recibió fueron de Jesús. La investigación sobre las apariciones de Jesús fue, en cierto modo, una investigación separada; y, desgraciadamente, se pospuso hasta que terminamos la de las apariciones de la Virgen María.

Cuando nuestra investigación sobre las apariciones de la Virgen María estaba casi terminada —e incluso habíamos presentado nuestro informe preliminar, varios años después de empezar—, nos pusimos a estudiar más detenidamente las apariciones de Jesús a Segatashya. Al menos, yo estaba preparado para dedicarme por completo a ese cometido, pero había muchos problemas fraguándose en el país. Fue cuando empezó la guerra civil, y todo se retrasó. Y en 1994 se produjo el genocidio, y aquello terminó con el mundo tal y como lo conocíamos, incluyendo todo el trabajo de la comisión. Muchos de sus miembros fueron asesinados, y la mayoría de los documentos y las grabaciones se perdieron para siempre. La aprobación oficial de Segatashya, al menos hasta ahora, es otra de las víctimas de aquel horror. Pero no solo creo que un día se le celebrará como uno de los mayores videntes de todos los tiempos: creo que en un futuro no muy lejano, Kibeho será la ciudad más famosa y más visitada de África, gracias a aquel pequeño pagano que hablaba con Jesús.

Uno de los peregrinos le preguntó al Padre Félicien qué dijo o hizo Segatashya para que él estuviera tan seguro de que era un vidente auténtico.

—Ese niño tenía unos conocimientos que no debería

tener —contestó el sacerdote—. Desde el principio hablaba de historias de la Biblia con mucho detalle, como si las hubiera leído el día anterior. Pero os puedo asegurar que Segatashya no sabía leer y nunca había escuchado a nadie leer la Biblia. Eso es un hecho, porque entrevisté a todos los miembros de su familia, a todos sus vecinos, a todos sus amigos, a los granjeros para los que trabajó y a los jornaleros con los que recogió las cosechas de judías. Hablé con todo el mundo que lo había conocido en algún momento, desde su nacimiento en julio de 1967 hasta su primera visión de Jesús el 2 de julio de 1982. Y todos con los que hablé me dijeron que hasta que Jesús se le apareció, ese niño jamás había mencionado la Biblia, a Jesús, a Dios o a la Virgen María.

Sin embargo, desde la primera vez que le entrevisté oficialmente podía discutir los dogmas de la Iglesia conmigo, compartir interpretaciones de las Sagradas Escrituras y recitar de memoria más oraciones que muchos estudiantes del primer curso del seminario. Por ejemplo, en una entrevista que le hice a mediados de julio de 1982, dijo que Jesús le había enseñado las palabras del Padrenuestro, y me las recitó e hizo la señal de la cruz. Le pregunté si Jesús le había enseñado otras oraciones y me dijo: «No, todavía no. Pero me ha dicho que mañana me enseñará más».

Alguien de la comisión le vigiló toda la noche y os aseguro que nadie habló con él. Al día siguiente, le pregunté si Jesús le había enseñado alguna oración nueva. Sin responderme directamente, se arrodilló y rezó: «Señor mío Jesucristo, me pesa de todo corazón haberos ofendido. Y también me pesa porque podéis castigarme con las penas del infierno. Ayudado de vuestra divina gracia, propongo firmemente nunca más pecar, confesarme y cumplir la penitencia que me fuera impuesta. Amén».

Para aquellos de vosotros que no seáis católicos, se trata del acto de contrición, una de las oraciones que decimos cuando pedimos perdón a Dios por nuestros pecados. Segatashya no se sabía esa oración el día anterior. ¡Y la dijo perfectamente, palabra a palabra! No tengo la menor duda de que, ese mismo día, Jesús había descendido a la tierra y le había enseñado a Segatashya el acto de contrición. Para mí, eso ya era un milagro. Los días siguientes Jesús enseñó a Segatashya a rezar el rosario, el credo de los apóstoles, y muchos más himnos, oraciones y proverbios.

Segatashya no memorizaba sin más las oraciones o las Escrituras que Jesucristo le enseñaba; tenía una comprensión teológica sobre ellas. Cuando le pregunté qué pecados había cometido que necesitasen del perdón de Dios, me dijo:

¿Quién de nosotros no tiene pecados por perdonar? Pero el acto de contrición que Jesús me ha enseñado no es solo para mí y mis pecados: es para que lo recen todos los hombres y mujeres cuando se quieran arrepentir de sus faltas. El fin de los tiempos está cerca, y todos debemos buscar el perdón de nuestros pecados y arrepentirnos antes de que Jesús vuelva a la tierra. Debemos limpiar nuestros corazones de odio y pecado, rezando sinceramente el acto de contrición. Confesar nuestros pecados a alguien más es una manera excelente de empezar a limpiar nuestras almas, para preparar nuestro encuentro con Cristo. Ese es uno de los mensajes más importantes que Jesús me ha pedido que lleve al mundo.

—Segatashya no era ningún ángel, por supuesto —continuó el Padre Félicien—. Con eso quiero decir que era un niño muy humano. No siempre recordaba las cosas a la perfección y no comprendía totalmente el significado de un mensaje la primera vez que lo recibía de Jesús. A veces no era el alumno ideal de un profesor… ¡incluso cuando ese tutor era el profesor más importante de la historia humana!

Por ejemplo, durante muchas apariciones Segatashya cuestionaba a Jesús lo que le estaba enseñando. Sé que esto era así, porque yo estaba en el escenario al lado de Segatashya cuando Jesús se le aparecía. Entraba en estado de éxtasis tan pronto como sentía la presencia del Señor y caía de rodillas. En un minuto o dos, ya estaba haciéndole preguntas a Jesús. Muchas veces se quejaba de que la gente no respondía adecuadamente a los mensajes y le sugería a Jesús que Él podría hacerlo mucho mejor si se comunicaba directamente con la humanidad. Honestamente, a veces tenía que mirar a otro lado para poder reírme de las cosas que aquel chico decía... Era muy divertido ver a aquel chaval tan espabilado poniendo en tela de juicio la mismísima palabra de Dios.

Segatashya era respetuoso, pero podía ser muy atrevido también. Si no hubiera sido tan inocente, creo que Jesús lo habría aniquilado con un rayo diminuto por ser tan descarado. Ojalá tuviera mis grabaciones para ponéroslas; por desgracia, no puede ser. Las destruyeron durante el genocidio, junto con la mayoría de mis cuadernos. Pero puedo daros ejemplos de lo que recuerdo.

Yo solía estar en el escenario y grababa las palabras de Segatashya durante sus diálogos con Jesús. Después de la aparición, le entrevistaba para conseguir la parte que Jesús había dicho. Poniendo las dos secciones de la conversación juntas, podía recrear el diálogo entre aquel joven y el Hijo de Dios. Lo escribía y lo archivaba en mi informe para la comisión de investigación.

Nunca olvidaré un debate teológico que tuvo Segatashya con Jesús sobre el origen y la naturaleza del pecado, el arrepentimiento y el perdón. Empezó con el chico sugiriendo que Dios decía una cosa, pero hacía otra.

El Padre Félicien relató el diálogo entre el Señor y el joven vidente:

Segatashya: Jesús, nos dijiste que amásemos a nuestros enemigos, incluso cuando sean malvados, pecadores y nos hagan daño. Pero ¿no luchó Dios contra Satanás y lo envió al infierno? Nos dices que Satanás es nuestro mayor enemigo y que debemos luchar contra él, contra sus tentaciones. ¿Te importaría explicarme, por favor, por qué por un lado nos dices que amemos a nuestros enemigos, cuando, por otro lado, parece obvio que odias a Satanás?

Jesús: Hijo mío, yo no odio a Satanás; al contrario, es Satanás quien me odia a mí. Si Satanás se arrepintiera de sus pecados y le pidiera sinceramente a Dios que le perdonara, se le perdonaría y se le permitiría volver al cielo. Pero para que eso ocurra, Satanás debe arrepentirse de corazón. Ahora contéstame a esta pregunta, hijo: ¿sabes cuántos tipos de confesión hay?

Segatashya: Sí, Señor, como me enseñaste, hay dos maneras de confesarse. La primera es confesar nuestros pecados y estar arrepentidos de haberte ofendido. Debemos arrepentirnos de nuestras ofensas de todo corazón, pedir tu perdón con sinceridad y proponernos no repetir los pecados nunca más. La segunda manera es confesar nuestros pecados, pero sin sentirnos arrepentidos en nuestro corazón por haberlos cometido y por haberte ofendido. Cuando nos confesamos de esa manera, sabemos que nuestro arrepentimiento es solo para aparentar, para parecer mejores a los ojos de los demás... y dentro de nuestros corazones sabemos que pecaremos de nuevo en cuanto podamos.

Jesús: ¡Muy bien dicho, hijo mío! Estoy muy contento de que te acuerdes de nuestra lección sobre lo que es confesarse desde el corazón. Ahora, ¿entiendes lo que quiero decir cuando digo que a Satanás se le perdonarán sus pecados únicamente si se confiesa con un corazón sincero?

Segatashya: Sí, Señor, lo comprendo. Pero como Satanás es el Gran Mentiroso, será difícil para él confesarse nunca con el corazón. Tengo muchas más cosas que preguntarte sobre este tema, Señor. Siento tener tantas dudas, pero necesito respuestas y tú no siempre te explicas con claridad, así que no me escondas nada. Cuando me envías a que le transmita tus mensajes a la gente, ellos también tienen preguntas y tengo que ser capaz de responderles.

Aquí está mi pregunta: me dices que transmita a la gente el mensaje de que se deben arrepentir porque el mundo está muy mal; que como la humanidad es tan pecadora, el mundo está al borde de la ruina. Pero también me dices que Satanás era un ángel amado por Dios que se volvió celoso y le desobedeció, y así es como empezó la guerra en el cielo. Satanás fue arrojado de allí y ha estado llevando a la humanidad por el mal camino desde entonces.

Señor, me parece que todos los problemas que los hombres tienen ahora empezaron hace mucho en el cielo. ¿Cómo puede Dios culpar al hombre de llevar el mundo a la ruina por medio del pecado, cuando en realidad es culpa del cielo, por permitir que Satanás bajara a la tierra y vague por ella como si le perteneciera?

Jesús: Hijo mío, los problemas de la humanidad no empezaron en el cielo, y no hay ni un centímetro de la tierra que Satanás pueda reclamar como suyo. Todo lo que hay en la tierra pertenece al cielo; a Satanás no le pertenece nada. Los problemas causados por Satanás comenzaron dentro de su propio corazón. No quiso escuchar a Dios, y prefirió romper con la familia celestial de Dios y separarse. Como te dije, Satanás sería perdonado si pudiera encontrar en su corazón la capacidad de pedir perdón a Dios. Pero a día de hoy, Satanás no ha encontrado en su corazón la sinceridad necesaria para decir que lo siente y para buscar el perdón de Dios. No pedirá perdón.

Piensa en esas familias que conociste cuando estabas creciendo. En algunas familias hay un niño que, sin importar las veces que le pidan sus padres que sea bueno, él no hace caso y se cierra al amor que le ofrecen sus progenitores. Así es como sucede con Satanás; se apartó del amor que Dios le ofrecía libremente, como el niño malhumorado que huye de una casa llena de amor. Dios ha permanecido con sus hijos obedientes y llenos de amor en el cielo, y todos los que aman y le obedecen son bienvenidos allí.

Pero todo lo que ocurrió en el cielo entre Satanás y Dios ocurrió antes de que Dios hiciera este planeta y antes de la creación del hombre. Cuando Dios creó al hombre, Satanás, en su envidia y soledad, se dispuso a destrozar la relación de la humanidad con Dios. Desde la creación de la humanidad, Satanás ha estado intentando engañarla con mentiras y tentaciones, esperando que el hombre ame el pecado del diablo más que la bondad de Dios.

Odia sufrir en soledad e intenta alejar del amor de Dios al máximo número de almas posible, guiándolas hacia la crueldad y el mal. Quiere que el hombre sufra con él, que sea maldito como él es maldito, porque no hay sufrimiento mayor que vivir sin el amor de Dios. Satanás sabe cuánto ama Dios a la humanidad, y por eso encuentra tanto placer cuando corrompe un alma humana. Quiere que Dios sufra tanto como él.

Recuerda esto, hijo, el amor de Dios y su luz son la única protección contra el mal y la oscuridad eternas… Dile a todos los que te escuchen que preparen sus corazones para el Día del Juicio, porque los últimos días de la tierra se acercan. Satanás es el autor de todas las mentiras y no se puede confiar en él; ha estado intentando separar a la humanidad del amor de Dios desde Adán y Eva.

Segatashya: Eso me recuerda algo, Señor. Sé que a veces un estudiante puede llegar a ser mejor maestro que su propio profesor, y del mismo modo, un pecador principiante puede llegar a ser un pecador mayor que aquellos que cometieron el pecado original. Pero tengo una pregunta sobre esos pecadores originales. Adán y Eva son los que empezaron todo este lío: ¿por qué los creaste? Si esos dos no hubieran comido nunca de la fruta prohibida, el resto de nosotros estaría todavía viviendo en el paraíso.

Hay muchos más pecadores hoy en el mundo que en aquel entonces, pero todos venimos de Adán y Eva, así que la humanidad debe haber aprendido a pecar de ellos ¿no? Tú eres Todopoderoso: deberías haber sabido cuando los creaste que eran débiles y que pecarían antes o después. ¡No puedes negar eso, Jesús! ¿Por qué lo hiciste? ¿Por qué crear a dos pecadores que acabarían por traer sufrimiento y miseria a todos los seres humanos que nacieran después de ellos? Con sinceridad, creo que fue un error. ¡No deberías haberlos creado!

Jesús: Cuando tienes un hijo, lo tienes por amor. No sabes si será bueno o malo, pero amas a ese niño con todo tu corazón y esperas lo mejor. Esperas que ese hijo al que Dios le da la vida seguirá pensando en Dios; alguien que está hecho a imagen del amor, amará.

Segatashya: ¿Y cómo quieres que pensemos en Dios exactamente? Dices que debo considerar a Dios como un Padre, que Dios Padre me ama incluso más que mis padres, que Dios me conocía en el vientre de mi madre y que me amaba incluso antes de que naciera. Pero yo solo te conozco a ti, Jesús. Me has hablado de Dios Padre en las últimas semanas. Sin embargo, conozco a mis padres desde el día en que nací. Desde que era niño, vi a mis padres luchando por hacerlo lo mejor posible y trabajando por alimentarme y protegerme. Así que, ¿de verdad esperas que ame a Dios Padre —que me pide tantas cosas difíciles—, más que a mi padre y a mi madre, que siempre me han dado todo lo que necesitaba?

Jesús: ¿Quieres saber la diferencia entre el amor de tus padres y el amor de tu Dios?

Segatashya: Sí, Señor. Creo que necesito un buen motivo para diferenciar entre el amor de mis padres y el amor de Dios. Siempre he visto a mis padres mostrándome su amor. Siempre me han protegido y cuidado. Pero nunca he visto que Dios me amara cuando era un niño. Nunca le he visto trabajando en nuestro campo de judías para mantener a mi familia, poniendo comida en la mesa, o haciendo ropa para abrigarnos.

Jesús: Pequeño, aunque no me vieras nunca, yo estaba siempre cuidando de ti. ¿Has oído la canción, «Mi protector que me quiere»?:

Mi protector que me ama,
mi protector que Dios me dio para cuidarme,
mi protector que está junto a mí en momentos difíciles,
para vigilar y evitar que el demonio
me robe el corazón.
Mi protector que me quiere,
mi protector que es mi regalo de Dios.

Segatashya: Sí, lo veo ahora. Gracias por contestar a mis preguntas y gracias por estar siempre conmigo, Jesús. Gracias por darme a mis padres para que me amaran y me cuidaran;

¡son el mejor regalo que he recibido, e incluso más ahora, que sé que su amor era un regalo tuyo!

Pero tengo una pregunta más, Señor. Oigo que la gente se dirige a Dios con nombres distintos. Algunas personas llaman a Dios *Jehová*, otros *Alá*; en Ruanda le llaman *Imana*, y en Zaire *Mungu*. Ahora estoy hablando contigo, *Jesús*, pero también he oído hablar de tu madre, la *Virgen María*..., y también están *Judas* y *Satanás*. Me lío mucho con tantos nombres. ¿A quién debo amar y respetar más?

Jesús: Hagas lo que hagas, pequeño, no ames o respetes a Judas o a Satanás.

Segatashya: Entonces, de todos esos otros nombres, ¿a quién tengo que querer más?

Jesús: De todos los otros a quienes has mencionado, si amas a alguno de ellos de corazón, habrás tenido éxito cumpliendo mis mensajes de limpiar tu corazón para preparar mi segunda venida. Utilizar un nombre de los que has mencionado te llevará a otro, y todos te llevarán al Amor y a la Verdad. Y en cualquier momento en que te encuentres necesitado, pues acudir a uno de esos nombres, y te darán lo que necesitas. Mi querida Madre te llevará hasta mí y hasta el Padre, y al Espíritu Santo, porque somos uno, no muchos.

Segatashya: Comprendo. Pero si tuviera problemas muy graves y necesitara ayuda urgentemente, ¿cuál de los que estáis allí arriba tiene más poder y me podría ayudar con mayor rapidez?

Jesús: ¡Hijo mío, qué preguntas te atreves a hacerme!

Segatashya: No quiero ser irrespetuoso, Señor. Pero es

algo que necesito saber. Tú me mandas todos esos mensajes para que le hable a la gente sobre el arrepentimiento y el fin del mundo, y luego todos piensan que estoy loco y me quieren pegar. Aporrean la puerta de la casa de mis padres y amenazan a toda mi familia. Han insultado a mi pobre madre. Incluso mi padre y mi madre empiezan a llamarme estúpido por traerles todas estas complicaciones, sobre todo cuando no puedo dar respuestas fáciles a sus preguntas. Algunas personas me llaman mentiroso y son malos conmigo. Jesús, me gustaría que me dijeras quién es la persona más importante del cielo para que yo pueda conseguir ayuda rápidamente, o si no, mándame algunos guardaespaldas para que me protejan todo el tiempo. Supongo que sería capaz de cuidar de mí mismo si me dieras los mismos poderes que tenías cuando estabas en la tierra haciendo milagros. Necesitaría, además, saber toda la verdad para poder responder a todas las preguntas yo solo sin tu ayuda. Así que, ¿por qué no me das todo tu poder y tu sabiduría para que me pueda defender correctamente?

Jesús: Hijo mío, ¿crees de verdad que si te proporcionara toda la verdad y mi poder los usarías correctamente?

Segatashya: Bueno, probablemente no. Yo solo te lo digo porque si sigo haciendo lo que me pides y voy por ahí predicando sobre el fin del mundo, puede que alguien me mate para silenciarme. Y todos esos mensajes que me diste sobre el fin del mundo serían inútiles si termino muriéndome, como hiciste tú.

Jesús: ¿Estás dispuesto a morir por la humanidad?

Segatashya: No digo que fuera fácil… Quiero decir, nadie quiere morir porque sí.

Jesús: ¿Quién muere sin motivo? Hijo, veo que sonríes y que estás contento. Pero ¿estás diciendo que mi muerte no sirvió para nada?

Segatashya: No, Señor, perdóname. ¡A veces me dejo llevar cuando estoy contigo! Sé que moriste por nuestros pecados para salvarnos, porque nos amas. Gracias por tu amor y por todas las respuestas que me has dado. Cantaré tus alabanzas y extenderé tu mensaje por todo el mundo con el corazón lleno de alegría.

DESPUÉS DE HABLAR CON EL PADRE FÉLICIEN DURANTE MÁS de dos días sobre Segatashya, me dijo que se había quedado sin nada que contarme, lo que me vino bien, porque me había quedado sin tiempo para escuchar. ¡Al menos hasta después de la peregrinación a Kibeho!

Teníamos un programa muy ajustado y habíamos reservado el desplazamiento hasta Kibeho para esa misma tarde, con actividades durante los cinco días siguientes. El último día debíamos regresar a Kigali por la mañana; la mitad del grupo iría al norte de Ruanda, para ver a los famosos gorilas de las montañas, mientras que el resto cogería el vuelo de vuelta a Estados Unidos.

Después de que los peregrinos se despidieran con un abrazo del Padre Félicien y subieran a bordo del minibús, le pregunté si antes del genocidio le había entregado a alguien las grabaciones de Segatashya o los documentos de la comisión de investigación, para ponerlos a buen recaudo. Negó con la cabeza.

—No, lo siento mucho. Me temo que la mayoría de mis anotaciones se perdieron en el caos de 1994. Mi casa y oficinas fueron saqueadas y quemadas; y todo lo que había, o ardió o lo robaron. Lo perdí todo. Immaculée, te he contado todo lo que recuerdo sobre Segatashya. Y por lo que me has dicho sobre tu infancia y cuando le conociste en la universidad, yo creo que ya sabes más que la mayoría.

—Necesito saber más, Padre Félicien. Tengo que saber todo lo que pueda sobre él. No sé lo que le ocurrió a Segatashya cuando los doctores le examinaron, ni tampoco sé nada de las apariciones de después de Kibeho, o qué le sucedió cuando fue a Burundi y al Congo en la misión que Dios le había encomendado. Y tengo que encontrar a alguien que haya escrito sus mensajes para poder difundir algunos.

—Puede que el obispo actual de la diócesis de Kibeho tenga acceso a algunos documentos, pero te puedo garantizar que, si lo tiene, no te va a permitir verlos. Considera que esos documentos son para uso exclusivo de la Iglesia —me contestó el Padre Félicien.

Aparte del obispo, solo hay una persona que se me ocurra que haya sobrevivido y que puede que salvara de la locura de 1994 algunos informes de la comisión. Se llama Dr. Muremyangango Bonaventure y era el investigador jefe del equipo médico de la comisión de investigación. Era el único psiquiatra de Ruanda en ese momento, y le teníamos muy ocupado con los videntes.

No le he visto desde hace mucho tiempo y no sé si querrá hablar contigo de Kibeho. Es uno de los hombres más inteligentes que conozco; y si él quisiera, te podría decir todo lo que hay que saber sobre Segatashya. Te tengo que avisar, Immaculée, de que es una persona muy reservada. Cuando estábamos investigando a los videntes, nunca hablaba de lo que estaba pasando en Kibeho con nadie que no formara parte de la comisión. Pero a lo mejor se sincera contigo…

El Padre Félicien me dio la dirección de la casa del Dr. Bonaventure, que estaba a menos de 30 minutos en coche desde el Hogar de la Caridad. Tan solo disponíamos de un margen de una hora, después de la cual tendríamos que preocuparnos de cancelar habitaciones, saltarnos actividades y perder conexiones de vuelos... Pero todo el mundo estuvo de acuerdo en que debíamos hacer una breve visita a la casa del médico, para ver lo que el buen hombre tenía que decirnos sobre Segatashya.

6. *El médico y el fin de los tiempos*

Veinte minutos después de despedirnos del Padre Félicien y del Hogar de la Caridad, nos detuvimos frente a la casa del doctor Bonaventure. Mis compañeros y yo nos bajamos del minibús y fuimos hacia la puerta. Llamé y, momentos después, un señor mayor con cara de sorpresa se quedó mirando con escepticismo a una ruandesa extraña —yo— y una docena de caras blancas quemadas por el sol. Creedme, no era el espectáculo que un médico retirado de Kigali esperaba ver en el umbral de su puerta.

Le expliqué rápidamente quién era y por qué lideraba una invasión de peregrinos americanos hasta su propiedad. El doctor Bonaventure sonrió compasivamente y, como buen anfitrión ruandés, invitó a todo el grupo a tomar algo en su casa. Yo me opuse, diciendo que teníamos un horario muy ajustado y que no podíamos quedarnos; que solo quería hacerle unas cuantas preguntas sobre Segatashya. Pero el doctor me dio la espalda y entró.

Les dije a mis amigos americanos que era prácticamente ilegal rechazar la hospitalidad en Ruanda. Decidí entrar con todos en el salón del médico, que estaba adornado con muchos cuadros de la Virgen María y de Jesús. El doctor, que se movía con una lentitud pasmosa, se pasó la hora siguiente sentándonos a todos, presentándose individualmente a cada peregrino y asegurándose de que todo el mundo tomara algo.

Después se sentó en su sillón y preguntó:

—Bien, ¿qué queréis saber sobre Segatashya?

—Sé que fue usted miembro de la comisión de investigación, doctor. Me pregunto si conserva usted informes o documentos relacionados con Segatashya que yo pudiera pedirle prestados —pregunté, dándome cuenta de la impaciencia de todos, pues queríamos llegar a Kibeho antes de que anocheciera.

—Eso es un poco atrevido por tu parte, hija mía —me respondió el doctor Bonaventure con un tono de voz amable, pero con un deje de autoridad—. Llegaremos a eso, pero primero déjame que te hable del día que conocí a Segatashya. Fue durante una entrevista de la comisión para la que le había citado unas pocas semanas después de que empezaran las apariciones. Yo ya le había realizado un examen físico y un análisis psicológico preliminar, y le encontraba en perfecto estado, tanto físico como mental.

—Sí, era un niño inteligente y sano, a pesar de tener un percentil bajo para su edad —continuó el doctor, buscando bajo una mesa auxiliar cercana a su silla y sacando un cuaderno viejo de espiral, empezó a hojear las páginas, muy manoseadas y amarillentas, mientras murmuraba para sus adentros—. Veamos... Segatashya, Segatashya, Segatashya... ¡Ah, aquí está! *Entrevista a Segatashya, 20 de julio de 1982*:

Comisión: Segatashya, las apariciones de la Virgen María a las estudiantes de Kibeho constituyen un fenómeno nuevo. Pero nos han dicho que tú estás teniendo apariciones también... ¿Es verdad?

Segatashya: Sí, es verdad, pero no de la Virgen María. Se me aparece Jesucristo. Las visiones empezaron el 2 de julio, hace dos semanas.

Comisión: Segatashya, eres un niño que nunca ha ido al colegio ni a la iglesia. ¿Por qué dices que has visto a Jesús y que has hablado con Él? ¿No es más probable que hayas oído historias sobre las videntes de Kibeho, que ven a la Virgen María, y te hayas imaginado que viste a Jesús?

Segatashya: No, señor, no me lo he imaginado. Le vi y Él habló conmigo. Le vi como le estoy viendo a usted ahora; sería difícil decirle a alguien que no le he visto a usted. Sin embargo, la primera vez que le conocí, solo le oí. Estaba sentado a la sombra de un árbol y oí su voz. Al principio no sabía de dónde salía esa voz, pero me di cuenta de que tenía que venir de arriba, del cielo. Me preguntó si podía dar un mensaje de su parte, y mi corazón respondió por mí: ¡mi corazón dijo que sí! Y eso es lo que ocurrió. Le pregunté quién era y me dijo que era Jesús.

Me dijo: «Si les dices que vas en nombre de Jesús, no te creerán». Pero podía sentir el poder que emanaba, y sabía que todo lo que decía era verdad. Así que le dije: «Si realmente eres Jesucristo, creerán lo que digo..., mientras tú me des fuerza para transmitir tus palabras y les des a ellos la fe y la gracia necesaria para escuchar la verdad».

Sé que habéis hablado con el señor Hubert, a quien Jesús me envió a visitar, y sé que habéis escuchado el mensaje que le transmití: todos tenemos que purificar nuestros corazones para preparar la vuelta del Señor a la tierra.

Comisión: Sí, hemos escuchado el mensaje, gracias. Por favor, responde a esta pregunta: ¿Le preguntaste a Jesús por qué te escogió a ti —un chico pagano, que nunca ha ido a la iglesia, ni leído la Biblia, que nunca ha rezado una oración y que no está ni siquiera bautizado— para que fueras su mensajero?

Segatashya: Se lo pregunté, señor. Me dijo que me había escogido como símbolo, para demostrar a la gente que no cree en Él —como los paganos y otros no creyentes— que no se olvida de ellos. Los ve, cuida de ellos, los quiere y espera que ellos le inviten a morar en sus corazones. Eligiendo a un chico pagano como mensajero, hace saber al mundo que su amor y salvación están al alcance de cualquiera.

Y sé que los adultos ruandeses no siempre hacen caso de lo que dicen los niños, pero Jesús me contó que Él dice en la Biblia: «¿De la boca de las criaturas y de los niños de pecho, has hecho brotar una alabanza?». Jesús me ha enviado para deciros a todos que le améis y le alabéis, y hagáis vuestros corazones tan puros como el de un recién nacido, para que podáis entrar en el Reino de Dios.

—Esos fueron los primeros diez minutos de la primera entrevista de la comisión a Segatashya —dijo el doctor. Después, señalando unas fotos familiares de su mujer y sus hijos, continuó—. Pasé muchísimas horas hablando con ese joven; para mí, se convirtió en uno más de la familia, como si fuera otro hijo mío.

El doctor Bonaventure se levantó y se ofreció a preparar té para los peregrinos, que seguían nerviosos por ponerse en camino, pero que, como yo, estaban ahora completamente enganchados por el contenido del cuaderno del médico.

Uno de ellos le preguntó cuáles eran los cambios físicos que sufrían los videntes cuando estaban hablando con Jesús o María.

—Todos entraban en un estado similar al coma durante las apariciones y sus cerebros no recibían ninguna información del mundo físico —respondió—. Y al mismo tiempo, estaban tan despiertos como tú y como yo. Experimentaban una desconexión completa de la realidad tal y como la percibimos. Y creo que esa desconexión perceptiva era más pronunciada en el caso de Segatashya.

Yo realizaba todas las pruebas que se me ocurrían para despertarle de su respuesta de éxtasis una vez que había entrado en trance. Comprobaba sus nervios craneales dirigiendo una luz directa a los ojos: ninguna respuesta. Examinaba sus funciones sensoriales tocando todos sus puntos reflejos con un martillo de goma; de nuevo, sin respuesta. Le pellizcaba la piel de todo el cuerpo, casi le sacaba los dedos de las articulaciones, le pinchaba con agujas en los brazos y se las clavaba en la carne hasta que salían por el otro lado... Todas las pruebas tenían el mismo resultado: ninguna respuesta. Por último, en una ocasión le puse electrodos por todo el cuerpo, enganché los cables a una batería portátil y le di descargas eléctricas; incluso eso no le perturbó en lo más mínimo, no hubo ni una sola reacción física.

Puede parecer que actuaba con crueldad, pero tenía que asegurarme de que no estaba fingiendo —explicó el médico—. Si no estaba fingiendo, nada de lo que le hiciera le afectaría negativamente; por otro lado, si hubiera estado fingiendo, cualquiera de esos exámenes le habría hecho salir corriendo del escenario aullando de dolor. Eso no ocurrió nunca; no importaba lo que le hiciera, nunca lo notaba.

Debo admitir que hubo veces en que pude haberme extralimitado. Una vez tumbé boca arriba al pobrecillo y me senté sobre él con todo mi peso. Le puse las manos alrededor del cuello para reducir temporalmente el flujo de oxígeno a su cerebro e inducir la inconsciencia; él no hubiera podido fingir indiferencia ante eso. Si hubiera pensado que le estaba asfixiando, su sistema nervioso simpático habría desencadenado su respuesta de «defensa o huida» y él habría intentado luchar conmigo. Pero se quedó allí tumbado, sonriendo y hablando con Jesús durante toda la prueba. Al final, uno de los sacerdotes que estaban sobre el escenario se lanzó sobre mí y me derribó. «¿Se ha vuelto usted loco, Bonaventure?», gritó. «¿Qué está intentando hacer, matar al chico?».

Después de aquello me quedé absolutamente convencido de que Segatashya era un verdadero vidente y que estaba teniendo apariciones auténticas. Continué estudiándole objetivamente como médico y psiquiatra, pero mi registro de notas adquirió además un papel adicional: quería preservar un registro histórico de lo que estaba ocurriendo en Kibeho.

A pesar de que podríamos haber escuchado las historias del doctor durante horas, nos teníamos que marchar. Le dimos las gracias al médico por su tiempo, por su hospitalidad y por su gran conocimiento de Segatashya. Cuando nos fuimos de su casa, entre el jaleo de abrazos y apretones de manos, el sol se ponía sobre las colinas de Kigali.

—Se hará de noche antes de que salgamos de la ciudad —se lamentó el conductor del minibús.

—No se preocupe por conducir en la oscuridad —rio el doctor—. Si viera en qué condiciones está la carretera que lleva desde la autovía hasta Kibeho, probablemente se bajaría del coche e iría andando los últimos 30 kilómetros.

Una vez que se habían subido los peregrinos al minibús, fui a preguntarle al doctor Bonaventure si tenía archivos que quisiera prestarme para el libro que estaba escribiendo sobre Kibeho. Pero antes de que tuviera ocasión de abrir la boca, me cogió del brazo y me llevó de vuelta a su casa, donde me dijo algo que me dejó muy claro que la Virgen me había guiado hasta la casa de aquel hombre tan singular.

—La he estado esperando; recibí un mensaje: una gente que procedía de muy lejos vendría a verme —me dijo cuando estábamos en el vestíbulo—. Unos meses antes del genocidio, uno de los videntes de Kibeho —no se me permite decir cuál—, vino a mi casa y me dijo que la Virgen le había dado un mensaje para mí. El mensaje era: «Dile al doctor Muremyangango Bonaventure que no puede morir hasta que le haya dado sus documentos sobre los videntes a alguien que él esté seguro de que los va a compartir con el mundo, porque los mensajes de Kibeho están dirigidos al mundo».

Con esto, el doctor Bonaventure abrió la puerta de un armario secreto y me mostró una docena de cajas llenas de cuadernos y papeles sueltos.

—Esta es toda mi investigación, todo lo que hallé y mis conclusiones sobre los acontecimientos de Kibeho —me dijo—. Volé a Zaire con todo este material cuando comenzó el genocidio porque sabía que tenía que protegerlo para las futuras generaciones. Es todo tuyo, porque sé que se lo mostrarás al mundo. Puedes volver a visitarme cuando regreses de tu peregrinación, o en cualquier momento que vengas a Ruanda. Haz copias de todo lo que tengo y haz lo que quieras con ello. Es tuyo, para que lo difundas. Los videntes me repitieron muchas veces que el mundo debe oír estos mensajes.

Mientras me entregaba una gruesa carpeta con el nombre de Segatashya escrito en el lomo con un rotulador indeleble, me dijo:

—Toma esta para empezar, es solo una entre las muchas que hay —sonriéndome abiertamente bromeó—; un poco de lectura *ligera* para el viaje hasta Kibeho, hija.

Se me llenaron los ojos de lágrimas. Mis oraciones no podían haber recibido mejor respuesta. Visité al buen doctor por lo menos diez veces durante los dos años siguientes. Cada vez que nos veíamos, él me llamaba «hija» y yo le llamaba «papá». Incluso llegó a unirse a un grupo en una de las peregrinaciones a Kibeho. La última vez que le vi fue poco antes de su muerte, en la primavera de 2011. Las notas que me había proporcionado me permitieron escribir *Nuestra Señora de Kibeho*, y son la columna vertebral de este libro sobre Segatashya.

Sé que el doctor Bonaventure murió con la conciencia tranquila, sabedor de que había cumplido una petición personal de la Virgen María. Estoy segura de que Ella le dio la bienvenida con una sonrisa radiante cuando llegó al cielo.

El sol desaparecía tras las onduladas colinas de Kigali cuando nuestro minibús se alejó de la casa del doctor Bonaventure y comenzamos la última parte del viaje hasta Kibeho. Abrí la carpeta que mi nuevo amigo me acababa de entregar con tanto cuidado como si fuera uno de los Rollos del Mar Muerto.

Las primeras palabras que vi eran la cabecera de un capítulo: «Segatashya y el fin de los tiempos». Bajo el encabezamiento había una transcripción de dos grabaciones. La primera era de Segatashya durante una aparición, hablando con Jesús sobre la segunda venida de Cristo. La segunda era de Segatashya después de la aparición, contándole a la comisión de investigación lo que Jesús le había dicho. Habían editado las transcripciones juntas para formar un diálogo entre Segatashya y el Señor.

Pasé las hojas rápidamente, poniéndome cada vez más nerviosa. Mientras intentaba atrapar los últimos rayos dorados de sol, vi que pasábamos por el *Kigali Genocide Memorial Centre*. Muchos de los peregrinos querían visitarlo cuando volviéramos de Kibeho. El *Memorial Centre* está construido en la cima de una colina y alberga una tumba donde están enterrados los restos de 250 000 víctimas del holocausto.

Pensé en los tres meses que pasé muerta de miedo con otras siete mujeres dentro de un minúsculo cuarto de baño, durante aquel genocidio tan espantoso. Y pensé en mis padres y mis hermanos Damascene y Vianney, que fueron asesinados por los que una vez habían sido nuestros vecinos y amigos. Pensé en el millón de personas que habían sido golpeadas hasta la muerte con machetes y el número incontable de cadáveres que no habían recibido sepultura, abandonados pudriéndose al sol cuando el diablo andaba suelto por Ruanda.

Y recordé que doce años antes del genocidio, la Virgen María se había aparecido a los videntes de Kibeho y les había advertido de que una masacre sangrienta arrasaría el país si la gente no llenaba sus corazones del amor de Cristo.

Durante el genocidio estaba segura de que había llegado la batalla del fin del mundo y que el epicentro del Apocalipsis era Ruanda. Ese horror no había sido el final de los días, pero quizá era una señal de que estaba cerca.

Miré hacia la carpeta del doctor Bonaventure que sostenía sobre mi regazo y me quedé anonadada con el pasaje de una entrevista que tenía delante:

Comisión: Segatashya, nos dijiste que las cosas están mal en el mundo y que Jesús quiere que la gente se arrepienta, que se amen unos a otros y vuelvan inmediatamente a la vida que Dios quiere que vivan. Queremos saber si hay alguna cosa específica que Jesús te haya dicho o mostrado para indicarte lo mal que se pondrán las cosas en el futuro.

Segatashya: Hace dos semanas [durante una visión el 1 de septiembre de 1982], Jesús me mostró a gente quemándose en el fuego y animales que se despedazaban y se devoraban unos a otros. Después me mostró a gente que se mataba a machetazos. Jesús no me dio una explicación específica sobre lo que significaban esas imágenes tan aterradoras o cuándo ocurrirían esas cosas. Pero todos podéis entender lo que trataba de enseñarme: es lo que sienten unos hacia otros. Cada vez se odian más y quieren hacerse daño. Jesús quiere que todo eso cambie. El único modo de que el mundo cambie es a través de su amor y su perdón.

Qué propio del ser humano, pensé, recibir un aviso del desastre que nuestras acciones van a desencadenar, ignorarlo y continuar con el mismo estilo de vida. Me acordé de que muchos videntes, en especial Segatashya, hablaban de lo triste que parecía la Virgen durante las apariciones; lloraba lágrimas de pena porque podía ver la catástrofe a la que se dirigían sus hijos de la tierra con su modo de vida pecaminoso e impenitente.

El cielo de Kigali se oscurecía sobre la ciudad cuando nuestro minibús tomó por fin la autovía en dirección sur, hacia Kibeho. Uno de los miembros de la peregrinación sugirió que rezáramos el rosario y, en la creciente oscuridad, escuché el reconfortante sonido del roce de las cuentas del rosario antes de la primera Avemaría.

El traqueteo de las ruedas del autobús, la oscuridad a través de la que se abría paso nuestro vehículo, y la repetición rítmica de los misterios gozosos del rosario me iban sumiendo en un sueño tranquilo. Empecé a dar cabezadas y puse el archivador azul en un asiento libre que había junto al mío. De nuevo, mientras lo cerraba, vi: «Segatashya y el fin de los tiempos». Pero esta vez, aunque me pesaban tanto los ojos que apenas podía mantenerlos abiertos, leí también la primera frase: «El último día, los ángeles del Señor aparecerán en las cuatro esquinas del cielo». Y me quedé dormida.

Tan pronto como se me cerraron los ojos, me sumí en un sueño que había tenido muchas veces cuando era niña. En el sueño yo estaba en el dormitorio de mis padres leyendo historias de una Biblia ilustrada para niños que me habían regalado en mi séptimo u octavo cumpleaños. Era un libro con ilustraciones de los milagros de Jesucristo en el Nuevo

Testamento. El dibujo que más me gustaba era el del milagro de la Transfiguración: Jesús aparecía flotando en el aire justo encima del Monte de la Transfiguración. Había rayos de luz dorada y rojiza brotando desde el interior de Jesús y brillando a su alrededor cuando hablaba con dos profetas del Antiguo Testamento, Moisés y Elías, que salían también flotando en el aire, a su lado. Algunos de los apóstoles estaban en el suelo, a lo lejos, mirando hacia el cielo con incredulidad, mientras se protegían los ojos de la luz tan brillante que emanaba del Señor.

La idea de Jesús suspendido en el aire, entre el cielo y la tierra, visible para los profetas del hombre antiguo y del hombre nuevo, estimulaba mi imaginación. Pero lo que más me llamaba la atención era la luz que salía de Jesús, junto con los tonos rojos y púrpuras de las nubes que se cernían sobre el anfitrión de los cielos. Y en mi sueño —esas cosas parece que solo ocurren en los sueños—, mientras descansaba en la cama admirando los dibujos de la ilustración, veía cómo se oscurecía el cielo a través de la ventana de mi habitación.

Saqué la cabeza por la ventanilla, casi esperando ver a Moisés y Elías flotando para encontrarse con Jesús en la cima de la montaña (¡mi cima!). Se me ocurrió que Jesús debía estar esperando a los profetas en lo alto de mi montaña favorita, más allá del Lago Kivu, en el interior del Congo, la montaña que yo contemplaba durante tantas horas, mientras esperaba el regreso de papá de una de sus peregrinaciones a Kibeho. Miré el cielo y vi que estaba cambiando de color a una velocidad vertiginosa, transformándose desde una misteriosa sombra de verde pretormentoso a un rosa intenso, y luego a un púrpura tirando a vino, para pasar a una mezcla de los tres. El horizonte resplandecía con tonalidades que nunca había visto y el cielo vibraba con matices de luz y oscuridad que respiraban vida, en un remolino de color desenfrenado sobre mi cabeza. Era una vista inquietante que debería haberme hecho sentir miedo, pero estaba entusiasmada y, por una razón u otra, inexplicablemente feliz.

De repente, sonó el estallido de una trompeta sobre mí, sacudiendo los cimientos de nuestra casa. El estruendoso instrumento retumbaba por todo mi cuerpo, empezando por la cabeza y bajando por la columna vertebral, en una ola que estremecía mis huesos hasta hacerme tambalear y caer de espaldas sobre la cama.

Después venía un segundo estallido, más fuerte, que vibraba en mi cerebro y hacía que me castañetearan los dientes. Ese sonido aterrador me hacía incluso más feliz. Cuando el sonido de la tercera trompeta explotó justo al otro lado de mi ventana, pensé que estallaría en carcajadas de alegría, a pesar de que el sonido hacía que los platos se estrellaran contra el suelo y desencadenaba una cacofonía de balidos y mugidos aterrorizados de nuestras cabras y vacas.

Abandoné mi cuarto a toda velocidad, crucé la casa y salí por la puerta trasera, llamando a mi familia para que se reuniera conmigo: «¡Mamá, papá, Aimable, Damascene, Vianney, venid rápido! ¡No os vais a creer lo que está ocurriendo ahí fuera!».

El color del cielo cambió una vez más, fluctuando de un bermellón rojo sangre a un carmesí suave que me recordaba a los pétalos de las rosas favoritas de mi madre. Nubes de tormenta se arremolinaron en el centro del cielo, girando en círculo en el sentido de las agujas del reloj, como un remolino de aire. A través del barullo de los mugidos del ganado, oía las voces familiares de mis vecinos al otro lado de la calle. «¡Alabad al Señor, dad gracias a Dios... estamos salvados! ¡Es el fin del mundo!», gritaba Pasteur Nsengimana.

Pasteur era un carpintero que estaba montando un tejado nuevo en una casa cercana. Miró hacia abajo y me sonrió, se puso de pie sobre la tela asfáltica sobre la que estaba arrodillado, se limpió las manos y se sacó de la boca los clavos que sujetaba entre los labios. «Creo que Jesús vuelve hoy... ¡Mejor me voy con mi mujer y mis hijos! ¡Nos vemos en el cielo, Immaculée!», gritaba mi vecino alegremente, mientras descendía por la escalera de madera y se iba corriendo a su casa.

Pasteur y todos los miembros de la familia Nsengimana eran evangelistas. Los evangelistas eran una secta radical y relativamente desconocida a la que yo admiraba. Recuerdo que durante mi infancia empezaban a afianzarse en Ruanda. Ser evangelista no era un término genérico en mi país, como lo es en otros lugares. Lo que yo observé de aquel grupo, y lo que me gustaba de los que pertenecían a él de mi aldea, era que parecían haber renacido de verdad. Incluso los pecadores más empedernidos cambiaban para siempre, una vez que habían aceptado a Cristo en sus corazones.

Había unos cien evangelistas en Mataba, y aunque algunas personas creían que eran lunáticos que desvariaban, estar cerca de ellos a mí me proporcionaba alegría e inspiración. Trabajaban muchísimo y siempre estaban sonriendo, aunque el trabajo fuera duro o de poca importancia. Cantaban himnos y alabanzas al Señor continuamente, tanto si iban andando por la calle como si estaban arando en el campo. Tenían su propia iglesia. Recuerdo que me sentaba bajo las ventanas de la capilla durante sus servicios religiosos porque me gustaba la belleza de sus voces y sus canciones. Renunciaban a sus posesiones y ocupaciones mundanas, así como a todas las emociones y acciones negativas, como decir mentiras; podías preguntarle cualquier cosa a un evangelista, porque estaban moral y espiritualmente obligados a decir la verdad.

Eran unas personas en las que todos sabíamos que podíamos confiar, y por esa razón encontraban trabajo y progresaban en los negocios. Y las emociones a las que renunciaban eran de las que descentran la conciencia de las personas y permiten que el demonio se cuele sin ser visto en un corazón expuesto; emociones como el odio, los celos y la ira.

Recuerdo que una vez miraba disgustada a un grupo de adolescentes problemáticos de una aldea vecina, que pasaron por delante de la iglesia cuando el servicio religioso estaba a punto de terminar. Los chicos se acercaron a Jean-Philippe, evangelista y cuñado de Pasteur, que estaba en los escalones de la iglesia con su mujer y sus cinco hijas charlando con el sacerdote y otros miembros de la congregación.

—¡Vamos a ver si estos *frikis* hacen lo que dicen y ponen la otra mejilla... a ver si no se enfadan! —gritó uno de los chicos, mientras rodeaban a Jean-Philippe y a su familia como un enjambre de avispas encolerizadas. El líder de la banda empezó a gritarle, llamándole las cosas más horribles que había escuchado en mi vida y acusándole de todo tipo de perversiones, que yo ni entendía, pero cuyo significado me quedaba claro por el tono del chico.

Jean-Philippe no perdió el contacto ocular con el adolescente que le insultaba, pero en una serie de movimientos rápidos deslizó la Biblia que tenía en la mano en el bolsillo de la chaqueta, levantó rápidamente ambas manos en el aire y tapó con delicadeza los oídos de su hija más pequeña, para protegerla del torrente de obscenidades.

—Lo siento por tu sufrimiento —dijo Jean-Philippe con ternura, sonriendo al chico con amabilidad—. Veo que lo estás pasando mal, y deberías saber que Jesús te ama y que te quitará esa ira si le invitas a tu corazón. Podemos hablar de eso en la comida si tú y tus amigos queréis venir a nuestra casa este mediodía.

El jefe de aquellos chicos se enfureció. Los ojos se le salían de las órbitas y la lengua le asomaba como si fuera un perro sobreexcitado. Gruñó y le pegó un bofetón a Jean-Philippe. Después bajó las manos hacia la garganta del hombre. La tensión se desvaneció de repente con la voz irritada de un padre llamando a una de sus hijas: el mío.

—¡Immaculée Ilibagiza! ¡Vuelve a casa ahora mismo! —miré desde la que yo consideraba mi atalaya «secreta» en un tocón de madera bajo la ventana de la capilla y vi a mi padre en mitad de la calle, con una rama larga y gruesa en la mano.

Yo había visto ese palo antes —mi padre lo llamaba su «clase de corrección»— y lo había utilizado en el trasero de mis hermanos en las raras ocasiones en que habían sido irrespetuosos con mi madre, y en las no tan raras ocasiones en las que se portaban mal. Papá no era el único partidario de la disciplina en nuestra familia. Muchos aldeanos le llamaban para que castigase a sus propios hijos cuando se descontrolaban, para que se encargara de los borrachos o, en este caso, para mantener la paz cuando los demás no podían.

Por la mirada de los ojos de mi padre y el modo en que asía el bastón, supe que lo mejor era hacer lo que me decía. Corrí a casa tan rápido como me permitieron mis piernas. No sé lo que mi padre les hizo a aquellos adolescentes, pero sé que no se atrevieron a volver a asomarse por la aldea en muchos años.

Sin embargo, vi a Jean-Philippe y a otros de su comunidad muchas veces después de aquello. Eran ejemplos del modo de vida que Jesús y María predicaban a los videntes de Kibeho: dedicados a Dios, con el alma limpia, el corazón lleno de amor y siempre dispuestos a perdonar.

Con razón, uno de los temas favoritos de la comunidad evangelista era el fin de los tiempos; cada uno de los que conocí en Ruanda vivía cada día como si fuera el último. Estaban preparados para encontrarse con su hacedor, cuando Jesús volviera al final del mundo para juzgar a todas las almas, para decidir quién iba al cielo y quién no.

Cuando Segatashya empezó a tener apariciones públicas en Kibeho y habló de prepararse para el fin de los tiempos y el Día del Juicio —como habréis notado, es de lo que más hablaba—, recuerdo que yo pensaba que podría haber dicho: «Si queréis un buen ejemplo de lo que Jesús quiere que hagáis, id a Mataba y visitar a los evangelistas de allí».

Así que no me sorprendía que Pasteur Nsengimana apareciera tan alegre y contento en el sueño recurrente de mi infancia sobre el final de los tiempos: sabía que iría al paraíso.

La mujer de Jean-Philippe, Bernadette, que estaba limpiándose las manos llenas de harina en el delantal como si hubiera estado metiendo una barra de pan en el horno cuando empezó el Apocalipsis, me rogó que me uniera a ellos: «Ven con nosotros, Immaculée. Todo el mundo está en el lago esperando a Jesús. ¡Date prisa, que viene!».

Miré hacia el cielo: el torbellino de nubes se había disuelto en un plácido lienzo rojo en el que se había dibujado una puesta de sol increíble. Todo brillaba en la belleza dorada y rojiza de un sol que se pone. El Lago Kivu refulgía con un brillo anaranjado; las montañas de Zaire resplandecían como ámbar ardiente en la lejanía. Todo parecía muy acogedor. Después, yo me deslizaba sin esfuerzo por la peligrosa colina que había detrás de mi casa y que caía a pico sobre las aguas del Lago Kivu. Los senderos tan traicioneros de aquella colina siempre me habían aterrorizado, pero ahora el descenso era emocionante y divertido. Un momento después, estaba en la orilla del lago con mis padres y mis hermanos. Papá señalaba hacia el cielo y susurraba: «Nos vamos a casa, Immaculée».

Cuatro ángeles aparecieron en las cuatro esquinas del cielo. Se cernían en la lejana inmensidad del firmamento como si estuvieran esperando una orden, y entonces descendieron sobre la tierra como bellos guerreros alados llevando espadas de ardiente oro. En medio de los ángeles aparecía Jesús. Era inmenso y estaba envuelto en la luz de un millar de soles. Su tamaño y belleza empequeñecían las montañas que nos rodeaban, y cuando sus brazos se abrieron hacia nosotros en un gesto de bienvenida, parecieron abarcar el lago Kivu de un extremo al otro. Y entonces el Señor dijo: «Bienvenidos».

El conductor del minibús salió de la autopista para hacer una parada técnica y me desperté. Había estado durmiendo durante casi tres horas, y todavía estábamos a medio camino de nuestro destino. No hay muchas gasolineras entre Kigali y Kibeho, así que todos los peregrinos se bajaron rápidamente para ir al servicio.

Me quedé sentada sola un ratito, pasando las hojas de la carpeta azul que me había entregado el doctor Bonaventure, un tesoro que contenía los mensajes de Segatashya sobre el fin de los tiempos. Pensé en el viejo sueño familiar que acababa de tener y lo feliz que me había hecho saber que Jesús había vuelto y que se llevaba a los que yo amaba y a mí misma al cielo en la seguridad de sus brazos amorosos. Pero también pensé en lo triste que era que tanta gente que había conocido en mi vida estuviera tan aterrorizada por la idea del *Armagedón*; o por el *Apocalipsis*; o incluso lo que yo considero una expresión llena de paz, el *final de los tiempos*.

Supongo que es comprensible tener miedo a la violencia, al sufrimiento y la irreversibilidad que esos términos pueden evocar. Después de todo, el final de los tiempos —los últimos tiempos que preceden al retorno de Cristo para juzgar a todas las almas, después de los cuales la tierra será consumida por el fuego—, se representa en la Biblia como un tiempo de gran tribulación. El Apocalipsis se describe como una era en la que Satanás dominará el mundo del hombre por medio de la falsedad y la confusión, hasta que Dios revele las grandes verdades que le han sido ocultadas al hombre, desembocando en el Día del Juicio y el fin del mundo. Y *Armagedón* es en la Biblia la batalla entre las fuerzas del bien y el mal que marcará los últimos días de nuestro planeta.

Todo eso puede dar un poco de miedo si no piensas que vas a pasar toda la eternidad en el cielo. Tal y como yo lo veo, si alguien me dijera: «Lo siento, la vida es dura y todo lo que puedes esperar es tormento y tortura durante años mientras el mal reina en el mundo», estaría aterrada, también. Sin embargo, si alguien me propusiera —como hace Jesús en la Biblia— pasar ochenta años aquí, soportando el sufrimiento y las adversidades sin abandonar mi fe ni el amor a Dios, para después pasar toda la eternidad con mis seres queridos, ¿cómo no iba a estar contenta? Mientras mi corazón esté limpio y ame y viva según la voluntad de Dios, ¡sé que voy a pasar todo la eternidad en el cielo, disfrutando de la belleza y el amor del Señor!

Por esa razón, los mensajes de Segatashya estaban tan centrados en que nos preparemos bien para el fin de los tiempos y nos recordaba que todos vamos a morir un día, y que debemos ser conscientes de ese hecho inmutable. Jesús le dijo que, si los hombres y las mujeres están preparados el Día del Juicio, el paraíso será suyo. Pero si no están preparados, si abandonan su fe y dan la espalda a Dios, lo perderán todo: no verán el cielo y estarán condenados a pasar en el infierno toda la eternidad.

Por eso tenía tanto interés en compartir los mensajes de Segatashya sobre el fin de los tiempos con todo el mundo. Mirando aquella carpeta en la carretera hacia Kibeho, me prometí a mí misma que pondría en papel sus mensajes sobre este tema tal y como yo los recibí, para que la gente pudiera decidir por sí misma cómo interpretarlos.

El capítulo siguiente es una colección de los mensajes que Segatashya recibió de Jesús sobre el fin de los tiempos. Leedlos bien.

7. El fin del mundo, contado por Jesús

Segatashya tuvo muchas conversaciones con Jesús sobre el fin de los tiempos. La mayoría ocurrieron durante las apariciones en Kibeho entre el 2 de julio de 1982 y el 2 de julio de 1983. Él contó después estas conversaciones en entrevistas grabadas por los miembros de la comisión de investigación establecida por el obispo. Lo que sigue es un fragmento de esas muchas horas de entrevistas:

Jesús: En los últimos días el sol calentará mucho, y un número incontable de personas morirá de hambre y de otras calamidades que seguirán a esa hambruna. Habrá muchas tentaciones del demonio, porque habrá más sufrimiento en la tierra de lo que el mundo ha conocido hasta ahora. Sabréis que mi regreso está cerca cuando haya una ruptura entre las diferentes religiones. Cuando veáis guerras de religión, sabréis que estoy en camino. Una vez que empiecen las guerras religiosas, nada parará la lucha. Hacia el final habrá guerras y será nación contra nación y religión contra religión. Pero también las familias lucharán unas contra otras: los padres contra los hijos, y los hijos y las hijas pelearán entre ellos. A esto seguirán muchas miserias, porque el mundo continuará rechazando el arrepentimiento.

Segatashya: ¿Señor, por qué se enfrentarán las religiones, si están todas trabajando para ti?

Jesús: Porque en todas las religiones hay demasiada gente que declara creer en el amor de Dios, pero en realidad no creen. La guerra vendrá porque muchos dicen que aman, pero no tienen amor en sus corazones, ni hacia Dios ni hacia los hombres.

Segatashya: ¿Cómo es posible que los padres y los hijos se enfrenten unos a otros, si hay lazos tan fuertes que unen a un padre con su hijo?

Jesús: Las familias empezarán a luchar unas contra otras cuando los seres humanos empiecen a cansarse de vivir en un mundo lleno de tanto sufrimiento. La gente se habrá hartado del mundo, y el mundo se habrá hartado de la gente. El pecado del hombre será tan grande que la miseria engendrará miseria. Las madres desearán ser estériles antes de traer hijos a un mundo lleno de tanto dolor. Los hombres estarán tan cansados de vivir que llorarán y pedirán la muerte para acabar con su confusión.

Habrá muchos terremotos en todos los rincones del mundo. En muchos lugares, el sol calentará tanto que la tierra se secará y no habrá cosechas, año tras año. Vientos huracanados arrasarán la tierra y las lluvias torrenciales provocarán grandes inundaciones. El hambre asolará muchas naciones. Lucharán unos contra otros por la comida, y muchos morirán de hambre.

Segatashya: Sabiendo que el mundo estará tan lleno de pecado y que esas cosas tan terribles sucederán, Señor, ¿por qué creaste al hombre tan débil y con tanta propensión al pecado? Tú lo sabes todo; por tanto, debías saber muy bien cuando creaste a Adán y Eva que todas las generaciones de seres humanos que les seguirían no iban a ser lo suficientemente fuertes como para resistir las tentaciones.

Jesús: El hombre fue creado con sus debilidades, pero no tiene que permanecer débil. Vine a la Tierra y nací de carne y hueso para ser un ejemplo vivo de lo que era posible para la humanidad. Mostré al ser humano el sendero que debía seguir en la vida y el camino hacia el cielo. Vine al mundo como hombre, y mostré a todos los hombres cómo sufrir las penas del mundo y cómo amar a Dios. Vine a salvar al hombre porque vi las dificultades que tenía para seguir una vida pura y piadosa.

Descendí del cielo para curar los pecados del mundo, y la humanidad ha visto lo que tuve que padecer a causa de esos pecados: me desnudaron, me pegaron, me crucificaron; y la humanidad da testimonio de ello. Morí para la salvación del hombre, de modo que para alcanzar esa salvación debe invitarme a su corazón antes del último día. Y el último día vendrá, no porque la gente sea mala, sino porque Dios creó el mundo sabiendo que terminaría un día.

El mundo terminará con o sin la humanidad, pero todos los problemas y las miserias que acompañarán al último día habrán sido traídas al mundo por los pecados de la humanidad.

A todo el que acepte mi amor y se arrepienta de sus pecados, se le perdonarán todos, y yo le amaré. Pero aquellos que rechacen arrepentirse de sus pecados, mantendrán esos pecados como una marca en sus almas, y mostraré mi ira hacia ellos.

Por eso, cuando vuelva el Día del Juicio, vendré primero a juzgar a los que hayan rechazado arrepentirse. Y estarán muy apesadumbrados, pero su tristeza llega demasiado tarde. Derramaré tribulaciones sobre ellos. Mi ira con ellos será extrema, y serán llevados lejos por mis siete arcángeles, hasta las cuatro esquinas del planeta. Mis arcángeles derramarán mi ira sobre quienes hayan rechazado arrepentirse de sus pecados, y habrá mucho sufrimiento y penalidades.

A causa de las tribulaciones de los pecadores, habrá mucha ira contra mis hijos en esos días por creer en mí. Los pecadores perseguirán a aquellos que sean fieles a Dios y sacarán a mis hijos de sus lugares de oración y los golpearán en las calles. Pero yo insto a mis hijos, no importa lo mucho que les golpeen o sufran, a no renegar de mí... Estaré con ellos en su angustia, siempre.

Y las cosas se pondrán peor en el mundo por culpa de los que no quieren arrepentirse. Los corazones de los hombres se volverán tan ciegos a la verdad de Dios que un ejército de demonios se desplegará sobre la tierra, y muchos clamarán ser yo, el Señor Jesús. Prometerán acabar con toda la miseria y dispersar todo el sufrimiento. Tened cuidado con esos demonios, porque su único deseo es seducir al hombre hacia toda clase de maldades.

Segatashya: ¿Cómo puedo reconocer a esos demonios, y cómo sobreviviremos a esas luchas tan difíciles al final de los tiempos?

Jesús: Cuando oigas a alguien que declara ser yo o que actúa en mi nombre, pero que contradice lo que he dicho en la Biblia, sabrás que hay demonios tratando de alejarte de la luz de Dios. Para vencer a esas fuerzas la gente debe rezar, confesarse y arrepentirse.

Dile a todos los hombres y mujeres del mundo que desde este día en adelante deben practicar la penitencia, porque no queda mucho tiempo hasta que Satanás llegue a la tierra para tentar a la humanidad y apartarla del camino del bien.

Dile a todos que lean la Biblia y busquen mis palabras, diles que crean cada una de las palabras que pronuncié y que vivan siguiendo esas palabras. La expresión «el último día» tiene dos caras y dos significados. El primer significado se refiere al alma individual: para cada persona, el último día es el día de su propia muerte. El último día de la humanidad será el día de mi segunda venida. Cada día que pasa, es un día que estamos más cerca de encontrarnos con Dios.

Segatashya: Si yo tengo miedo de lo que pasará en los últimos días, ¿no tendrá miedo todo el mundo?

Jesús: ¡No tengáis miedo, sino fe! Aquellos que aman a Dios y hacen el bien vendrán conmigo al cielo y no serán tentados nunca más. Pero daos prisa, porque queda poco tiempo.

Dile a la gente que si me llevan en su corazón, no necesitan tener miedo del sufrimiento de los últimos días. Deben permanecer fieles a Dios y mostrarse precavidos ante los muchos engaños y mentiras que Satanás usará para conducirlos al pecado y la oscuridad. En esos días vendrá Satanás y se jactará de que es el gran líder de los hombres, que puede acabar con la sequía, parar las inundaciones y curar a millones de enfermos. Puede que haga milagros, presumirá de sus grandes hazañas y la gente del mundo acudirá a él en masa y le llamará el Cristo… pero no es el Cristo, es Satanás disfrazado. Declarará estar haciendo lo que Cristo hizo en el pasado —curar a los pobres y dar de comer a los hambrientos—, pero miente. Quizá deslumbre a muchos con falsos milagros, y puede que sane a algunos enfermos y que dé de comer a algunos hambrientos. Pero sus milagros serán trampas para atrapar los corazones y las almas de los hombres.

Al final de los tiempos, Satanás hará todo lo posible por apartar a los hombres de mi verdad y llevar a la humanidad lejos del camino del cielo. Habrá personas que trabajen para Satanás e intentarán confundir a los demás, diciéndoles que las diferencias entre Dios y Satanás no son importantes, que Dios y Satanás son hermanos y que los problemas que tuvieron en el cielo son solo problemas familiares que no deberían afectar al hombre. ¡No os creáis eso! Dios es el Todopoderoso y no tiene ningún hermano… Creed solo la palabra de Dios tal y como la encontráis en la Biblia.

No creáis a nadie que venga llamándose a sí mismo Jesús, o diciendo que él es la segunda venida de Cristo. Quien diga eso, miente. Muchos propagarán rumores de que Cristo ha venido y señalarán a uno que declarará ser yo… ¡No le adoréis! Permaneced fieles a mí y llamadme en oración; donde quiera que estéis, os encontraré.

Si camino entre los hombres, no lo hago con ostentación ni jactancia. Yo curaré a los enfermos discretamente, devolveré la vista a los ciegos y abriré los oídos de los sordos. Alimentaré a las naciones sin buscar a cambio alabanzas; pasaré por el mundo desapercibido y atenderé a aquellos que permanezcan fieles a mí. Rezad y confiad en mí, y os encontraré donde quiera que estéis: si estáis en lo alto de una montaña, saldré en vuestra búsqueda; si estáis debajo de un puente, os encontraré. Pedidme fuerza y valentía cuando vengan los días oscuros y os daré fortaleza.

Habrá muchos falsos milagros, pero no los creáis, porque no vienen de Dios. Mis milagros serán milagros del corazón. Cuando venga, pondré amor en los corazones de los hombres y las mujeres que me son fieles. Por todas partes, la gente empezará a soñar conmigo, y se llenarán del Espíritu Santo. Pero los pecadores no se llenarán del Espíritu Santo y buscarán a los demonios que afirman representar a Dios.

Satanás vendrá a las naciones arruinadas por el hambre con grandes cantidades de comida, pero esperará ser adorado a cambio. La comida que cojáis de su parte para alimentar el hambre de vuestro cuerpo no alimenta y envenenará vuestra alma: no la cojáis, no comáis esa comida. Esa comida cegará los corazones de los hombres a la verdad y al amor de Dios, y avivará su avaricia, sembrando el odio en los corazones de los hombres. Enfrentará a nación contra nación y vecino contra vecino.

Es mejor quedarse con hambre que adorar a un dios falso. Si tu estómago te duele, no busques el alimento de alguien que pide que le adores. Rézame y te sostendré.

Segatashya: Señor, dices que habrá mucha miseria y muchos demonios tratando de engañar a la humanidad, para llevarla por el sendero del pecado y la condenación. ¿Cómo protegerás a aquellos que te quisieron y te fueron fieles toda su vida, pero por debilidad caigan en la trampa del demonio en esos últimos días? ¿Y qué pasa con todos esos que siempre fueron buenos, pero queden cegados por Satanás al final del todo? No parece justo que, a alguien que siempre ha sido un siervo fiel de Dios, se le niegue la eternidad en el paraíso por cometer un error al final de los tiempos.

Jesús: Yo soy Todopoderoso, y tengo el poder de ver dentro de los corazones de los hombres. Miraré en los corazones de cada uno en el Día del Juicio para ver si eran verdaderos creyentes que cayeron en la guerra entre Dios y Satanás al final de los tiempos... Si eran verdaderos creyentes, los salvaré.

Segatashya: ¿Qué pasará con quienes actuaron mal y no dejaron que entraras en sus corazones y sus vidas, pero que no participaron en la guerra del demonio contra Dios al final de los tiempos? ¿Irán al cielo?

Jesús: Esa gente trabajó para Satanás durante toda su vida, no para el Señor, y no tienen sitio en el cielo. Será demasiado tarde para una persona así; solo porque alguien no trabaje para Satanás al final de los tiempos no quiere decir que su corazón se haya convertido a Dios.

Segatashya: ¿Qué ocurrirá el último día?

Jesús: El último día, el planeta temblará y la alegría de los justos será arrolladora. Un arcoíris de grandes dimensiones y de colores innumerables atravesará el cielo, y se formará una gran nube. En ese momento me veréis emerger de la nube llevando la cruz. Enviaré ángeles a la tierra para reunir a toda la gente del mundo. Mi cruz hará que justos y malvados tiemblen por igual. Y entonces juzgaré a todas las almas, y decidiré quién ha trabajado fielmente para el Señor y quién no, y asignaré a cada uno el lugar que se haya ganado en la eternidad.

Se acabará todo el sufrimiento del fin del mundo, y terminarán todas las luchas sobre la tierra. Nadie necesitará arrepentirse nunca más, porque para los justos, que se han arrepentido a lo largo de su vida, será el tiempo de regocijarse en el cielo. Y para los malvados, será demasiado tarde para arrepentirse.

El alma nunca muere y cada alma pertenece a Dios. El último día, las almas que se hayan ganado un lugar en el reino de Dios abandonarán la tierra sin llevarse nada con ellos. Aquellos que hayan rechazado a Dios y sean juzgados como pecadores impenitentes, descenderán al infierno para sufrir la muerte eterna. Aquellos que hayan amado y servido a Dios, ascenderán a los cielos para pasar la vida eterna en el paraíso.

Después de que todas las almas escogidas por Dios hayan sido guiadas al cielo, brotará un gran fuego de las entrañas de la tierra y el mundo se consumirá en llamas, y todos aquellos que rechazaron a Dios y no quisieron creer en Él, arderán en el fuego.

Segatashya: ¿Irán al purgatorio algunas almas en su camino hacia el cielo, al final de los tiempos?

Jesús: Cuando el mundo termine, no existirá el purgatorio. El purgatorio es para aquellos que han sido buenos en vida pero que murieron con algunos pecados, y necesitan ser purificados antes de entrar en el cielo. Pero todo el sufrimiento que la gente buena soportará al final de los tiempos será suficiente para purificar sus almas, y entrarán directamente en el cielo. De modo que el purgatorio no será ya necesario. Después del día del Juicio todas las almas entrarán en el cielo o en el infierno para toda la eternidad.

Segatashya: ¿Por qué no dices cuándo será el Día del Juicio, para que los hombres puedan convertirse ahora y asegurarse su entrada en el cielo?

Jesús: En primer lugar, no sé qué día será. Solo Dios Padre sabe el día exacto en que terminará el mundo.

Pero si yo supiera cuando iba a ser el último día, no lo diría. Si los hombres supieran cuándo va a terminar el mundo, se convertirían por miedo, no por amor a Dios. El cielo es solo para aquellos cuyos corazones estén llenos de amor de Dios.

Es vital no estar preocupado con el fin del mundo colectivo. Lo más importante es que la gente se preocupe por su último día individual, porque ese puede venir en cualquier momento, y uno debe estar siempre seguro de que su alma está preparada para encontrarse con el Señor. Porque la persona que muere con pecados resucitará con pecados, y la persona que muere sin pecados resucitará sin pecados.

8. Viajes místicos. El abrazo de una madre

Dos semanas después de dejar la casa del doctor Bonaventure con la carpeta llena de mensajes de Segatashya, yo estaba a más de 3000 metros de altura sobre Ruanda, mirando hacia Kibeho a través de las nubes y preguntándome cómo se habrían sentido Jesús y María cuando bajaron del cielo para hablar con Segatashya. El mundo parecía tan pequeño desde arriba y la gente tan minúscula que no pude dejar de preguntarme por qué Jesús y María se preocupaban tanto por nosotros.

Después de acabar la visita a Kibeho con el grupo de peregrinos americanos (una peregrinación fantástica que describiré más detalladamente en un futuro libro), volví a casa del doctor para hacerle una breve visita y para llevarme más carpetas y cuadernos con las transcripciones de las entrevistas de Segatashya.

En el avión que me llevaría de vuelta a Estados Unidos hojeé el primer cuaderno. Contenía explicaciones minuciosas del propio Segatashya sobre los viajes que hizo a petición del Señor para llevar sus mensajes a Burundi y el Congo, países vecinos de Ruanda. Me incliné y miré por la ventanilla la vasta extensión del Congo extendiéndose allí abajo. Era un lugar agreste, inestable y muy peligroso.

Pensé en lo fácil que me resultaba volar por encima de los peligros y desafíos a los que se enfrentaban los que viajaban por tierra por el Congo o Burundi. No sé cómo Segatashya, pobre e inculto, había logrado una proeza semejante, aunque contara con guía divina. Estaba deseando leérmelo todo y me venía estupendamente ese viaje de trece horas a Nueva York...

Según avanzaba por las páginas buscando la historia de la expedición de Segatashya a Burundi, me tropecé con un tipo de viaje completamente diferente. Fue un viaje en el que la Madre de Dios le guio a las profundidades de los grandes sufrimientos de su Hijo.

María se apareció por primera vez a Segatashya el 1 de septiembre de 1982, casi dos meses después de la primera aparición de Jesús. Cuando la comisión de investigación le pidió a Segatashya que les describiera a la Virgen, se encontró con que le faltaban palabras. Pero respondió a todas sus preguntas sobre María durante los meses siguientes. He aquí un extracto de sus respuestas:

Comisión: Gracias por volver para responder a algunas preguntas para la investigación, Segatashya. Es día 8 de septiembre y la última vez que te vimos, en agosto, nos contaste que habías tenido más de una docena de apariciones de Jesús, pero por aquel entonces la Virgen María no se te había aparecido en Kibeho.

Segatashya: Es correcto. Mis primeras apariciones tuvieron lugar en casa de mis padres o cerca de ella. Jesús me dijo después que fuera a Kibeho para que Él pudiera transmitirme más mensajes. Se me empezó a aparecer en el escenario donde las otras videntes habían tenido las apariciones de la Virgen María. La semana pasada, cuando Jesús se me apareció, me mostró algo muy especial. Vino con María, su Madre, y me dijo: «Esta es mi Madre; Ella es la que concede las gracias de las que has oído hablar. Quiero que la respetes a Ella como me respetas a mí, y quiero que la ames como te amas a ti mismo».

Comisión: ¿Puedes describir en detalle cómo era la Virgen María cuando se te apareció?

Segatashya: ¿Cómo se describe la belleza absoluta? Trataré con mis pobres palabras de que os hagáis una idea de cómo era esa mujer tan maravillosa. Se me apareció entre una niebla brillante de luz blanca, suspendida en el aire. Al principio lo único quc vcía cra la luz, una luz suave y cálida que me hacía sentir como si Ella me sostuviera entre sus brazos y me meciera, como lo hacía mi madre.

Lentamente, María apareció entre la niebla. No sé decir qué edad tenía. Irradiaba la belleza y la juventud de una mujer muy joven, pero de sus ojos oscuros brotaba una sabiduría, una dulzura y un amor que solo una madre puede poseer.

Su piel no tenía ninguna mancha y era de color claro, pero no era blanca; es muy difícil describir el tono exacto y la textura de su piel, porque al igual que ocurre con su Hijo, Jesús, había una luz brillante y dorada que la rodeaba y que, al mismo tiempo, emanaba de su interior. Brillaba como una puesta de sol perfecta en un lago tranquilo y puro. Y parecía suave y dulce, como una paloma.

Vestía una túnica larga y completamente blanca, hecha de una sola pieza de tela. No tenía costuras y le llegaba hasta los pies. Llevaba una banda azul alrededor de la cintura, y le cubría la cabeza un velo, que le llegaba hasta los hombros y que era de color blanco.

Comisión: ¿Puedes decirnos qué mensaje te dio María durante vuestro primer encuentro?

Segatashya: No hubo ningún mensaje de la Virgen María para mí. Solo me dijo una cosa: «Hijo mío, respétame siempre, cuéntame cualquier cosa que te moleste o entristezca. Soy tu Madre desde el principio hasta el final».

Eso es todo lo que dijo; no me dio ningún mensaje para transmitirle al mundo. No recuerdo si añadió alguna palabra después de esas pocas del principio. Todo el tiempo que pasé con Ella ese día me demostró lo mucho que me quería. Incluso a pesar de que flotaba por encima de mí, sentía que estaba en los brazos amorosos de María. Y mientras Ella me sostenía entre sus brazos, yo no tenía problemas, ni preocupaciones. Es la Madre más cariñosa del mundo y no hay otro lugar donde se esté mejor que en sus brazos. Cuando me dejó para volver al cielo, me entraron ganas de llorar.

ALGUNOS MESES MÁS TARDE, la comisión volvió a reunirse con Segatashya para preguntarle por las apariciones de la Virgen:

Comisión: Buenas tardes, Segatashya. Es 8 de abril de 1983 y la última vez que hablamos contigo en este lugar fue durante la segunda semana de septiembre del año pasado. Entonces habías tenido solo una visita de la Virgen María. Desde entonces, entendemos que, aparte de las apariciones de Jesús, la Virgen se te ha aparecido diez veces más. ¿Puedes decirnos, por favor, si durante las apariciones has recibido algún mensaje especial de la Virgen María, o si compartió secretos contigo que puedas contarnos?

Segatashya: No, la Virgen María no me ha contado secretos, y no me ha transmitido ningún mensaje. María solo viene a visitarme para decirme lo mucho que me quiere, y para enseñarme cosas que debo saber, como rezar el rosario todos los días y comportarme mejor. Como he dicho, es una Madre muy buena y cariñosa conmigo.

Hay algo especial que me enseñó que puede interesaros. Es una canción:

Jesús les dijo a sus discípulos
que dejaran todo y le siguieran.
Tenían muchas riquezas y preocupaciones terrenales,
pero lo dejaron todo para seguirle;
a Jesús, el Salvador del Hombre.
Jesús les habló de las maravillas de Dios,
de la bendición del Señor que Él derrama sobre los hombres.
Jesús dijo a sus discípulos: «Venid y seguidme al cielo,
alegraos y nunca os desalentéis».
Todos debemos seguirle, seguirle hacia Dios,
nuestro Dios, que nos creó y nos dio la vida,
nuestro Dios, que vive dentro de nosotros y nos guía hacia su luz.

Comisión: Gracias por esta canción, Segatashya. Nos gustaría hacerte preguntas sobre algo que oímos que te ocurrió con María, cuando le preguntaste a Jesús sobre los sufrimientos que padeció en la tierra. Nuestros informes dicen que tu experiencia sucedió el 15 de noviembre... Por favor, dinos qué ocurrió en esa fecha.

Segatashya: Ese día yo le hice preguntas a Jesús sobre el sufrimiento que tuvo que padecer para limpiar los pecados del hombre. Jesús me habló sobre las torturas que había tenido que sufrir, las que aparecen en la Biblia. Me habló de los golpes, de cómo le obligaron a cargar con su propia cruz, de los latigazos, de la corona de espinas que le clavaron en la cabeza, y del modo en que clavaron sus manos y sus pies en la cruz, y la lanza en el costado. Pero Jesús dijo que sufrió otros quince dolores de los que la gente no sabe mucho.

Yo quería conocer todos y cada uno de los dolores que el Señor sufrió por nosotros, porque lo hizo por nuestra salvación, así que le pedí que me dijera cuáles habían sido. Fue un gran error por mi parte. Pero me pareció una buena idea en aquel momento. Jesús me preguntó: «¿Quieres saber de verdad lo que yo padecí durante aquellos quince dolores? Muy bien, hijo, espera aquí un momento». Y volvió al cielo y me envió a su Madre a verme.

Estaba muy nervioso y feliz porque pensaba que iba a conocer algunos secretos, que se me iban a revelar cosas ocultas. Creí que estaba a punto de embarcarme en un viaje místico de revelación, como ocurrió en realidad. Lo que ignoraba era que sería también un viaje místico de dolor.

En seguida apareció María ante mí, saludándome con todo su amor. Después me preguntó: «¿Estás preparado para que se te revelen las cosas por las que has preguntado?».

—¡Sí, Madre! —dije alegremente—. Es algo grande poder aprender tantas lecciones sobre la fe y que se me enseñen todas las cosas que quiero…

Antes de tener la oportunidad de terminar la frase, caí al suelo y sentí como si alguien estuviera destrozándome el cuerpo con porras y varas de hierro. Grité de dolor. Todo era oscuridad a mi alrededor; estaba viajando por un paisaje de un sufrimiento atroz. Intenté ponerme de pie, pero un peso enorme me aplastaba contra el suelo, como si me estuvieran lanzando piedras desde una gran altura.

—Madre, ¿por qué? ¿Por qué me estás haciendo esto a mí? —grité, lleno de miedo y agonía. No hubo respuesta. Únicamente más golpes que me hacían crujir los huesos y me desgarraban la piel—. Por favor, Madre, ¡háblame! Quizá deberíamos olvidarnos de nuestro encuentro hoy. No creo que sea esto lo que Jesús tenía en mente cuando te pidió que me dieras una clase. ¡Lo entiendo! ¡He aprendido suficiente!

María permaneció en silencio y el agudísimo dolor siguió destruyendo mi cuerpo. Me puse de pie e intenté correr, escapar al vacío, pero cada vez que me obligaba a levantarme del suelo, otro golpe demoledor me caía sobre la cara. Los ojos se me inflamaron y se me cerraron. Sentí como si la columna vertebral se me hubiera partido en dos y los huesos de las piernas se hubieran hecho astillas.

Finalmente, después de haber sido derribado brutalmente seis veces seguidas, decidí permanecer en el suelo. Pensé que si me quedaba tumbado, mis torturadores invisibles se cansarían de aporrearme o se les olvidaría que estaba allí. Pero no había paz para mí. En cuanto dejé de resistirme y me quedé quieto, una fuerza invisible me alzó en el aire y cuando me iba a sujetar por mí mismo, me dio una bofetada que me tiró al suelo.

Parecía que la paliza no terminaría nunca, pero después de que mi cara chocara contra el suelo por quincuagésima vez, el poder que me tenía en sus garras me soltó.

Me quedé tumbado boca arriba con tanto dolor que apenas podía respirar. Estaba seguro de que mi caja torácica se había destrozado y que mis pulmones se habían desgarrado. No sé cuánto tiempo permanecí inerte en semejante oscuridad, pero estaba seguro de que no volvería a poder abrir los ojos o andar por mí mismo nunca más.

Después de lo que me pareció una eternidad, empezó a iluminarse mi entorno y la Virgen María volvió rodeada de luz dorada. En su presencia, se alivió instantáneamente la agonía que me consumía el cuerpo y el alma. «Pobrecito mío —dijo con dulzura—. He estado aquí todo el rato para suavizar tu dolor. Ahora ya sabes algo más sobre los sufrimientos que padeció mi Hijo para librar al mundo de sus pecados».

Tras eso, María se fue al cielo y Jesús volvió a mi lado. Me preguntó:

—¿Cómo ha sido el encuentro con mi Madre? ¿Ha contestado a todas tus preguntas? ¿Te ha explicado todo lo que querías saber?

Antes de responder al Señor, me pasé las manos por los brazos, las piernas y el pecho y me quedé alucinado al comprobar que todos mis huesos y órganos vitales parecían intactos. Entonces me volví hacia Él y le dije rápidamente:

—Oh, tuvimos una gran charla, Señor. Todo fue bien, bien. Hemos tenido una conversación muy agradable y después me ha enseñado una canción nueva. Nos llevamos muy bien y hemos estado muy contentos.

—¿De verdad? ¿Todo ha ido bien? ¿No has tenido ningún problema con lo que Ella te ha mostrado? ¿Nada de lo que Ella ha dicho o hecho te ha causado ningún malestar? ¿No tienes ni siquiera una queja, por pequeña que sea, que le pueda comentar más tarde?

—No, no tengo quejas, Señor. ¡No podría estar más contento de lo que estoy!

Sé que está mal mentir a Jesús, pero pensé que si me quejaba del modo en que María me había enseñado a entender su sufrimiento, volvería a mandar a María a repetir la lección; y, con franqueza, pensé que si Ella me volvía a hacer pasar por eso, ¡me mataría!

Comisión: Tu historia de sufrimiento en manos de María nos ha conmovido, Segatashya. Oímos que también sufriste una huelga de hambre prolongada —y constantemente monitorizada por enfermeras—, durante la pasada Cuaresma. ¿Puedes hablarnos sobre eso?

Segatashya: Sí. Sufrí muchísimo en Cuaresma, pero eso no vino de la Virgen María..., fue todo obra del Señor. Me dijo que Él había ayunado mientras estuvo en la tierra y quería que yo hiciera lo mismo. Me pidió que no comiera ni bebiera nada durante quince días, comenzando el 7 de marzo. También me dijo que estaría veintidós días sin poder hablar ni oír.

Sabía que no iba a poder estar quince días sin comer en casa de mis padres, porque mi madre iba a obligarme a ingerir algún alimento en cuanto me oyera sonar las tripas. Así que me fui a casa de nuestro párroco, que me había invitado mientras durara mi ayuno.

El 7 de marzo dejé de comer y beber. A las dos horas no podía oír ni hablar. Al tercer día de ayuno, el párroco se preocupó por mi salud y me llevó a casa del obispo. Yo era vagamente consciente de lo que pasaba; sentía que estaba desconectado del mundo y en un lugar cercano al Señor.

El 13 de marzo, el sexto día de ayuno —cuando tenía la garganta tan reseca que quería tragarme la lengua—, Jesús se me apareció y me dijo que bebiera una taza de té sin leche ni azúcar. Me quedé paralizado ante la sugerencia y le dije que yo nunca bebía el té sin azúcar o leche. Pero el Señor insistió, diciendo que cuando Él se estaba muriendo en la cruz y sufriendo mucha sed, se le ofreció una bebida amarga similar. Quería que probara un poco el sufrimiento que Él había tenido que padecer.

Yo todavía rechazaba la idea de beber un té tan insípido, así que le dije:

—Mi familia tiene una manera muy particular de beber té, y preferiría que me dieras agua para beber en lugar de té sin leche ni azúcar; por favor, perdóname, Señor, pero no quiero tu té.

—¿Qué te parece el hecho de que a mí se me ofreciera ese té y que tú me lo estés rechazando? —me preguntó Jesús.

—Sí, a ti te ofrecieron ese té, pero no te lo bebiste, ¿no?

—Te tendrás que beber ese té porque se me dio a mí, y yo te estoy dando a probar el sufrimiento que padecí.

—¿Por qué, Señor, quieres darme ese té tan amargo? Yo no fui el que te lo dio a ti cuando estabas en la cruz. Sería injusto que yo pagara por algo que no he hecho.

—Así que, hijo, ¿qué sugieres que haga entonces?

—¿Qué te parecería lo siguiente? —sugerí—. Aceptaré tres días adicionales de ayuno absoluto si me permites tomar una cucharada de azúcar con el té.

—De acuerdo. Añadiré tres días más y pueden ponerte un poco de azúcar.

Yo estaba muy satisfecho con el trato que habíamos hecho, pero Jesús no estaba nada contento. Además de los tres días adicionales de ayuno, agregó once días adicionales de sufrimiento. Dijo que tendría que salir de mi cama y dormir en el suelo de cemento de la casa del obispo. Más adelante, me dijo que debía dormir en el exterior durante dos días, mientras llevaba una corona de espinas en la cabeza.

No podía ver dónde estaba, pero Jesús me condujo fuera, me ordenó que rezara el rosario de los siete dolores, y me colocó personalmente la corona de espinas. Las espinas tenían casi cinco pulgadas de largo y se me clavaban en el cuero cabelludo tan profundamente que creí que se me saldría el cerebro. Era extremadamente doloroso.

Me sentía tan mal y sufría tanto que pensé que seguramente me iba a morir. Así que podéis decir que me costó mucho esta taza de té, a pesar de que Jesús terminó por hacerme llevar la corona de espinas solo un día, y me dejó que volviera a dormir dentro de la casa.

Dieciocho días después de haber comenzado el ayuno, el Señor me permitió volver a comer y beber. Tres días después, me dijo que mi sufrimiento había llegado a su fin, y de repente empecé a oír y hablar otra vez.

Jesús me dio las gracias por soportar el sufrimiento que Él me había enviado: «Has aceptado todo lo que te mandé y no te has quejado demasiado de las privaciones. Te recuperarás pronto del ayuno y te sentirás tan bien como siempre, como si no hubiera pasado nada. Estoy muy contento contigo, hijo mío».

Sus palabras me consolaron mucho y me hicieron sentir muy feliz. Me invadió un nuevo tipo de alegría que no había experimentado nunca y que llevo conmigo todavía.

Comisión: Nos alegramos de que sobrevivieras a tu dura experiencia, de que hayas recuperado el peso que perdiste durante el ayuno y de que tengas tan buen ánimo, Segatashya. Sabíamos que estuviste en estado semiinconsciente durante casi tres semanas, pero desconocíamos tus experiencias con Jesús. Gracias por compartirlas con nosotros. También tenemos el informe de los doctores que monitorizaron cada día de tu ayuno. Debemos decir, estudiando la evidencia médica que tenemos delante, que es un milagro que estés vivo todavía. Esperamos volver a hablar pronto contigo.

Menos de tres meses después de recibir la lección práctica sobre el sufrimiento de Jesús, Segatashya tuvo sus últimas apariciones públicas en Kibeho.

Jesús había informado mucho tiempo antes a Segatashya de que sus apariciones públicas terminarían el 2 de julio de 1983, un año después del día que se encontraron bajo la sombra del árbol. El Señor también le había indicado al joven vidente que su misión acababa de empezar, y que se le pedía que viajara a los países vecinos, Burundi y El Congo, para continuar predicando su mensaje de conversión inmediata de los corazones y de aceptación del amor de Jesús.

A pesar de que sabía con mucha antelación que tendría que marcharse de Kibeho, y que sus visiones de María terminarían cuando acabasen sus apariciones públicas, Segatashya estaba muy triste cuando se despidió de la Virgen, antes de prepararse para la etapa siguiente de su vida como vidente viajero.

En marzo de 1984, la comisión de investigación le pidió que reflexionara sobre sus últimos días en Kibeho y el camino que le esperaba por delante:

Comisión: Segatashya, ahora que tus apariciones públicas han terminado, ¿puedes decirnos que estás haciendo y qué planes tienes para viajar a Burundi y a Zaire —ahora El Congo—?

Segatashya: El 2 de julio de 1983, Jesús se me apareció por la tarde y me dijo que había llegado el momento de ir a Burundi y Zaire para extender sus mensajes, los mismos que había estado transmitiendo en Kibeho. Y después tengo que volver a Ruanda y viajar por todo el país.

Comisión: ¿Cuánto tiempo durará tu misión?

Segatashya: La Virgen María me dijo que debía pasar un año en Burundi, y dos años y medio en Zaire. Más adelante pasaré dos años predicando en Ruanda. Pensé que era demasiado tiempo y le pregunté a María si podía terminar dos meses antes por buen comportamiento. Ella me sonrió y dijo: «No, hijo».

Comisión: Viajar a Burundi y Zaire, sin dinero, es un gran reto para un adolescente como tú. ¿Cómo te estás preparando?

Segatashya: Jesús me dijo que no me preocupara por las cosas materiales y que me centrara en transmitir su mensaje. Me aconsejó que contara a las autoridades eclesiásticas de esos países cualquier problema que se me presente y que ellos me ayudarán. María también me dijo que Ella estaría todo el tiempo cerca de mí, cuidándome. Jesús me indicó que debo salir hacia Burundi en algún momento de 1985, así que me estoy tomando este tiempo para prepararme.

Me voy a bautizar antes de marcharme, y estoy estudiando todo lo que puedo. Jesús me ayudó a aprender lo que necesito saber. Le dije al Señor que quería bautizarme, y dijo que Él podía bautizarme con una palabra o incluso con una mirada. Pero después decidió que era mejor que me bautizara un sacerdote, para que la gente no piense que Jesús dice con eso que yo soy «mejor» que los demás. Mis padres también se están planteando bautizarse, así que a veces estudiamos juntos.

Paso mucho tiempo rezando. Cuando no estoy rezando o estudiando para mi Confirmación, intento ayudar a mi madre y a mi padre en el campo con las cabras. Quiero hacer tan felices a mis padres como me sea posible, antes de marcharme. Les ayudo todo lo que puedo, pero Jesús me dijo que la tarea de extender sus mensajes es prioritaria. Es difícil para mi familia. Mi padre me dice a veces que debo pensar en casarme y darle nietos. Pero Jesús me ha dicho que seré como Él: no me casaré y permaneceré célibe durante toda mi vida. De ese modo, puedo concentrarme en cumplir su voluntad y transmitir su mensaje. También me dijo que no estaré mucho tiempo en este mundo, que Él solo vivió treinta y tres años en la tierra, y que mi tiempo aquí será más corto que el suyo.

Comisión: ¿Sientes la ausencia de Jesús y María, desde que dejaron de aparecerse en Kibeho?

Segatashya: Sí, les echo mucho de menos. La vida no ha sido igual desde que dejaron de venir a verme. Antes, cuanto me sentía perseguido por los no creyentes o por aquellos que me insultaban para desacreditarme, sabía que vería pronto a María o a Jesús y que olvidaría todo dolor. Me rodearía su luz otra vez, y sería feliz. Cada vez que hacía mal, solo tenía que decírselo a Jesús cuando le veía y Él me perdonaba. Ahora debo hablar con Jesús en la oración, y debo ir a la iglesia a confesarme. No es lo mismo que cuando podía mirar a la cara solícita de Jesús, o a los ojos llenos de amor de su Madre, y verter mi corazón en ellos.

Comisión: ¿Hay algo que quieras añadir sobre el final de tus apariciones?

Segatashya: Hay una cosa que debería confesar. Sé que no está bien, pero creo que no fui completamente honesto con María el último día que la vi. Jesús me dijo que debía marcharme a Burundi en 1985, pero olvidó decirme el mes en que debía partir. La última vez que vi a María le hablé de eso y Ella me dijo que saliera a principios de agosto. Se me partía el corazón, porque sabía que no volvería a verla de nuevo, así que intenté engañarla para que me visitara una vez más.

Le dije que a lo mejor se me olvidaba el mes y el día que debía irme, y le pedí por favor que volviera y me lo recordara. Sonrió, movió negativamente la cabeza, y dijo que no se me aparecería, sino que susurraría la información en mi oído. Yo estaba contento, porque al menos oiría su voz, pero quería ver su cara otra vez. Estuvo mal que intentara engañarla así. ¡Pero la quiero tanto, y es tan duro pensar que no la voy a volver a ver hasta que me muera...! Es muy duro saber que no volveré a sentirme entre sus brazos hasta que esté en el cielo.

Comisión: ¿Tuvo María alguna palabra de despedida o algún mensaje para ti?

Segatashya: Me hizo un regalo increíble antes de marcharse. Vio que yo estaba desconsolado por la perspectiva de su marcha y me dijo que tenía que vivir como cualquier otro ser humano que no es vidente, y estar contento de hablar con Ella a través de la oración. Pero eso me puso más triste aún y le pregunté si podía hacerme un pequeño regalo que me recordara a Ella.

María me pidió que rezara el rosario con Ella, y mientras estábamos rezando, me dijo:

—Quiero que sigas rezando y que no grites por lo que voy a mostrarte.

Y después me indicó que mirara hacia arriba.

Allí pude ver las puertas del cielo abiertas, y más allá, el lugar más bello que uno pueda imaginar. Siento no poder decir más, pero es indescriptible. Lo único que sé es que anhelaba estar allí con todo mi ser; lo que sé y lo que tengo en la tierra ha perdido el significado para mí. María me dijo que, como había podido entrever el cielo, nada de este mundo me llenaría por completo.

Tenía razón. Mientras viva, siempre tendré esa imagen del cielo en la cabeza y estaré deseando ir allí.

9. Lejos de casa. El padrino. Camino a Burundi

La vida de las personas que han visto a la Virgen no es nada fácil. A lo largo de la historia, han sido perseguidos públicamente, ridiculizados o rechazados. A menudo han sufrido problemas de salud, depresión o se han visto separados de su familia y de sus seres queridos. Desde san Francisco de Asís a santa Bernardette, desde los pastores de Fátima a las estudiantes de Kibeho, todos han padecido mucho por servir a Dios.

Segatashya no fue una excepción. Sufrió varios viajes místicos llenos de dolor y un largo período de ayuno que casi acabó con él. También fue golpeado y ridiculizado y muchos de sus amigos y vecinos se burlaron de él.

Pero quizá la mayor de las dificultades que tuvo que superar fue la de verse separado de su familia, que se mudó de casa para escapar de la persecución y del acoso, fruto de tener un hijo que hablaba con Jesús.

La casa de Segatashya estaba llena hasta los topes de peregrinos curiosos, de escépticos y detractores. Las cosechas se perdieron por culpa de la cantidad de gente que pisoteaba los campos de la familia. Sin cosechas, las cabras y la vaca se murieron de hambre. Los cazadores de *souvenirs* robaban objetos de la casa con frecuencia. En 1984, el padre de Segatashya estaba harto y anunció que la familia se iba a mudar a una aldea que estaba a más de 160 km para empezar de nuevo. Él estaba desconsolado; habiendo crecido en una familia muy unida, no sabía cómo vivir sin sus padres ni sus hermanos. Lo único que sabía era que no se podía ir con ellos. Kibeho era el lugar donde Jesús había venido a verle por primera vez y no quería estar lejos de allí.

—Por favor, papá, no os vayáis de aquí —suplicaba—. El Señor nos encontró aquí y las videntes son de Kibeho. A Jesús le encanta este lugar.

—Tus visiones han hecho que nuestra pobreza sea todavía mayor… ¿Cómo te atreves a decirnos que no intentemos mejorar nuestras vidas? —le contestó su padre.

—Pero ¡si no conocéis a nadie en el sitio donde tenéis pensado ir! No tenéis ni dinero ni tierras allí. ¡Os moriréis de hambre! Además, el Señor nos visitó en esta casa. Este es un lugar sagrado. Pon tu confianza en el Señor y Él proveerá.

—Jesús hasta ahora no nos ha dado de comer. ¡Y si nos morimos de hambre, será gracias a ti, Segatashya!

El chico estaba tan preocupado por el futuro de su familia y por su propia soledad que se fue a ver al obispo Gahamanyi. Segatashya se había hecho amigo del obispo y le comunicó sus inquietudes. Le dijo que temía por sus hermanas y hermanos pequeños y que estaba preocupado por su propio futuro, sin tener una familia con la que compartir el día a día.

—No te preocupes por nada de eso, hijo mío —le dijo el obispo en tono tranquilizador—. El Señor siempre provee.

El obispo adquirió dos acres de tierra para la familia en un pueblo cercano, donde la hermana de Segatashya, Christine, sigue viviendo a día de hoy. Le dijo a Segatashya que conseguiría un coche y un conductor para que le llevara a visitar a su familia con la mayor frecuencia posible. Y añadió que Segatashya podía residir en su residencia privada siempre que lo desease, y utilizarla como su propia casa mientras se preparaba para su misión en Burundi.

El chico estaba abrumado por tanta gratitud y aceptó la generosidad del obispo, a la vez que redoblaba sus esfuerzos para estar listo para su partida hacia Burundi cuando llegara el momento. Pero necesitaba ayuda para prepararse, ayuda que le llegó a través de un hombre llamado Víctor Munyarugerero.

Víctor era un empresario de Kigali que estaba labrándose su futuro profesional, junto a su mujer y a su hijo recién nacido. La primera vez que oyó hablar de las videntes de Kibeho fue a través de su tía Marie, que era la directora del Instituto de Kibeho. Marie fue a Kigali de visita y le contó las cosas tan extrañas que estaban sucediendo en el colegio. Por aquel entonces, solo a dos de las tres primeras videntes —Alphonsine y Anathalie— se les había aparecido la Virgen María.

Víctor creyó en la historia de las niñas desde el primer momento. Para satisfacer su curiosidad, viajó hasta allí para conocer a las videntes. Como eran las primeras apariciones, no estaba construido todavía el escenario. Pero como su tía era la directora, pudo colarse entre la multitud y entrar en el pequeño dormitorio del colegio donde tuvieron lugar las primeras apariciones de María. Fue testigo de uno de los encuentros milagrosos de Alphonsine con la Virgen, lo que le convirtió en un defensor convencido de las apariciones.

En esa ocasión, la Virgen María le dijo a Alphonsine que las videntes podrían recibir las apariciones fuera del colegio a partir de ese momento, para que todos los peregrinos pudieran ser testigos presenciales.

—Yo sabía que había asistido a un milagro —me dijo Víctor cuando le conocí, durante mi investigación sobre la vida de Segatashya—. Estaba tan cerca de Alphonsine durante la aparición que podía ver las lágrimas rodando por sus mejillas. Lloraba mientras la Virgen le avisaba de que el odio y el pecado estaban llevando al mundo al borde del abismo y que debíamos cambiar nuestros corazones si queríamos evitar la destrucción. En cierto momento, vi que alguien le retiraba las lágrimas de la cara, pero no fueron las manos de Alphonsine, que estaban entrelazadas en oración. Fue la mano invisible de la Virgen María quien secó aquellas lágrimas. Yo lo vi y eso es un hecho.

Mientras volvía en coche pensaba en lo mal que debía estar el mundo, para que la propia Virgen María tuviera que venir a la tierra a advertirnos de que si no cambiamos, pereceríamos. Los mensajes que nos llamaban al arrepentimiento, el rezo del rosario y el mandato de que nos amemos unos a otros me rondaron por la cabeza todo el viaje de vuelta a Kigali. Cuando me detuve delante de mi casa, era un hombre distinto. Estaba convencido de que aquellos mensajes tenían que difundirse por el mundo entero y empecé a contarle a mi familia y a mis amigos lo que estaba sucediendo. La gente creyó que estaba loco, pero no me importó.

Kibeho se convirtió en mi obsesión. No podía guardarme lo que sentía dentro. Compré una cámara de vídeo, que en aquellos tiempos era una novedad y costaba una fortuna, y fui uno de los pocos que grabaron las apariciones en vídeo. A veces enganchaba unos altavoces a la cámara y ponía el audio fuera de casa para que lo oyera todo el barrio.

En menos de un par de meses, Kibeho se había convertido en mi segundo hogar e iba siempre que podía, tanto si había apariciones como si no. Me pasaba un día entero conduciendo para poder rezar donde se había aparecido la Virgen. Me sentía más cerca del cielo cuando estaba en ese lugar tan excepcional.

Un día que me encontraba en la iglesia de Kibeho rezando el rosario, vi a un chaval esquelético orando a pocos bancos de donde estaba yo. Llevaba una ropa tan vieja y raída, y estaba tan delgado, que pensé que era un mendigo. Pero oí a alguien detrás de mí que susurraba su nombre, «Segatashya», y supe instantáneamente quién era. Había oído decir que el nuevo vidente de Kibeho era un chico pagano y analfabeto que aparentaba ocho años de edad, y que se le estaba apareciendo Cristo. Era el niño al que todo el mundo llamaba «el chico que hablaba con Jesús».

Víctor sonrió ante el recuerdo.

—Resulta que Segatashya estaba en la iglesia rezando antes de subir a la tarima para una de las apariciones, así que le seguí. Me había sentido muy conmovido al ver la aparición de María a Alphonsine, pero me sentí absolutamente extasiado durante la aparición de Jesús a Segatashya.

El chico parecía temblar de terror cuando subió al escenario, y después de rezar dos o tres Avemarías, se puso de rodillas y empezó a bromear con el Señor. Fue una transformación increíble. Me quedé tan sorprendido por el aplomo y la sabiduría que demostró aquel chico, y por la profundidad de sus mensajes, que quise saber más cosas sobre él. Me enteré dónde vivía y fui a la aldea de su familia.

No estaba solo. Había cientos de personas amontonadas alrededor de la choza de la familia. Segatashya estaba en el jardín; tenía una aparición, y la gente se empujaba, hasta llegar a tirarse al suelo unos a otros, intentando acercarse a él.

La imagen de aquel chico campesino arrodillado en el barro húmedo del huerto de su madre mientras hablaba con Jesucristo se grabó a fuego en mi corazón para siempre. Le prometí allí mismo a Jesús y a la Virgen María que ayudaría a Segatashya si alguna vez podía resultarle útil.

Mi ayuda fue requerida varios meses después. Llamaron a la puerta de mi casa y cuando fui a abrir me encontré a Segatashya en el umbral. Estaba con el Padre Sebera, el párroco de la iglesia de Kibeho, a quien yo no conocía personalmente, pero sí sabía que era un gran defensor de los videntes. Nos quedamos los tres mirándonos. Luego Segatashya dijo:

«—Jesús me ha mandado que venga a verte. Quiere que seas mi padrino».

Debí poner cara de estar a punto de desmayarme, porque el Padre Sebera extendió el brazo para sujetarme. Momentos después le tendí mis brazos a Segatashya y le estreché contra mí. Dios me reclamaba que cumpliera mi promesa, y yo tenía muchísimas ganas.

Más tarde, después de invitarles a entrar en casa a tomar algo, me explicaron cómo me habían encontrado. Aparentemente, el padrino original de Segatashya, el médico del presidente de Ruanda, se había visto obligado a ausentarse por un periodo prolongado de tiempo, debido a cuestiones gubernamentales. Segatashya necesitaba un padrino para su inminente bautismo y para ayudarle a preparar su misión en Burundi. Durante una aparición, Jesús le mostró mi cara a Segatashya, y después de describirla ante varias personas, el Padre Sebera y él me localizaron en Kibeho... Para mí, el resto es historia.

Nos hicimos muy amigos, y estuve en su bautizo en la iglesia de Kibeho. Asistieron tres mil personas con la esperanza de atisbar algo. Una vez bautizado, le ayudé a organizar su viaje a Burundi.

Durante una entrevista que le hizo la comisión de investigación, Segatashya hizo un relato detallado de su primer viaje fuera de Ruanda. Era parte de su misión: extender los mensajes de Jesucristo por todo el mundo. Aquí está la transcripción:

Comisión: Segatashya, durante una de tus primeras entrevistas nos informaste de que tanto María como Jesús te dijeron que dieras comienzo a tu misión en Burundi en 1985, pero parece que te has retrasado más de un año. ¿Podríamos remontarnos a 1985 para que nos cuentes las dificultades que encontraste?

Segatashya: Como sabéis, procedo de una pequeña aldea y no estoy acostumbrado a los asuntos políticos. No sabía que en 1985 las cosas estaban muy mal en Burundi. Mi padrino, Víctor, me dijo que el presidente de Burundi perseguía a la Iglesia y que muchos sacerdotes y presbíteros eran asesinados o encarcelados. No era un buen momento para ir a Burundi a hablar de Jesús, pero sabía que la persecución de los creyentes era una de las razones por las que el Señor escogió Burundi como comienzo de mi misión.

Víctor arregló el tema de mi visado y nos dieron el permiso inmediatamente. Pero el 31 de enero, el día que se suponía que yo tenía que salir hacia Burundi, el embajador envió a su secretario personal a casa de Víctor con un mensaje. Quería que nos pasásemos por la embajada para desearme un buen viaje.

Víctor fue hasta Kibeho a recogerme. Volvimos a Kigali para ver al embajador. Cuando nos sentamos en la oficina con él, no podía haber estado más simpático. Me tendió la mano, me dio palmaditas en la espalda y me dijo que me iba a encantar Burundi. Entonces me pidió el visado y el pasaporte para asegurarse de que todo estaba en orden. No estuvo más de un minuto fuera de la habitación. Volvió a entrar y dijo: «Tu visado ha sido cancelado. Buenos días a ambos, y que tengáis un buen viaje de regreso a Kibeho».

Víctor y yo le explicamos que habíamos hecho todo el papeleo, pagado las tasas y que nos habían dado el visto bueno para el viaje.

—Además —dijo Víctor—, Segatashya es un vidente de Kibeho a quien Jesús le ha dicho personalmente que viaje a Burundi, para llevar mensajes urgentes sobre la salvación de las almas.

Le expliqué al embajador los mensajes del Señor. Le dije que Jesús decía que el fin del mundo estaba cerca y que no había tiempo que perder.

—No me había dado cuenta de quién eras —dijo el embajador, todavía con una sonrisa amable—. Esto lo cambia todo. Por supuesto que puedes ir a Burundi a predicar. Debes marcharte inmediatamente. Llamaré a los policías de la frontera y daré órdenes de que te dejen pasar. Te encantará Burundi. Que tengas un buen viaje y buena suerte con tu misión.

Víctor y yo dejamos la embajada con la confianza de que Dios había tocado el corazón del embajador. Pero cuando llegamos a casa de Víctor, miró el visado y señaló las marcas rojas selladas en la página.

—¿Qué es eso? —pregunté.

—Son letras y forman la palabra «Cancelado» —dijo Víctor, con tristeza—. Creo que nos han engañado.

Pasamos los días siguientes recurriendo al personal de la embajada, y después apelamos al obispo y a todo aquel que pensamos que podía ayudarme a entrar en Burundi. Cuando volvimos a la embajada, se nos dijo que revisarían el asunto y contactarían con nosotros lo antes posible. ¡Todavía estoy esperando su respuesta!

Pero en ese momento pensé que tendría que esperar una o dos semanas como mucho, así que me fui a Butare y conseguí un trabajo en la compañía eléctrica, llevando cajas.

Esperé a que la embajada me devolviera la llamada durante un año al menos. Entonces se me apareció Jesús en mi habitación. Fue una aparición privada en las Navidades de 1985. Me preguntó:

—¿Me quieres tanto como yo a ti?

—Sí, Señor, con todo mi corazón.

—¿Darías la vida por mí?

—Sí, moriría por ti sin pensarlo, Señor.

El día de Navidad, Jesús se me apareció otra vez; me dijo que me preparara para irme a Burundi y me dio el itinerario de mi viaje. En el plazo de dos días tenía que salir de mi casa a las cinco de la mañana y viajar hacia el sur, hasta llegar al río Akanyaru. Tenía que seguirlo para evitar los controles fronterizos de inmigrantes y las patrullas. Era muy importante que me asegurase de pasar la primera noche en la ciudad de Kayanza. Y añadió:

—Después de llegar a Burundi, trata de localizar al obispo Michel Nituyahaga, en la capital Bujumbura. Cuando lo conozcas, quiero que le repitas todos los mensajes que te he dicho que difundas en su país.

Le prometí al Señor que haría lo que me había pedido. Yo residía como invitado en casa de mi amigo Camille Mbonyubwabo, un empresario adinerado a quien había conocido a través del obispo. Camille y su mujer amaban a Dios y venían con frecuencia a Kibeho para rezar y asistir a las apariciones.

Le dije a Camille que Jesús se me había aparecido y que me había dicho cuándo y por dónde cruzar la frontera con Burundi. Él se ofreció a llevarme a un lugar cercano al señalado por el Señor y me dio el dinero suficiente para poder llegar hasta la casa del obispo.

Camille y su mujer me llevaron en coche hasta muy cerca de la frontera. Les di las gracias por todo. Atravesé los bosques hasta que llegué al río Akanyaru, y lo seguí hasta un pueblo llamado Jeni, lo que quería decir que ya había entrado en Burundi. Lo primero que hice fue buscar una iglesia, y recé por la gente de Burundi y de Ruanda. Le pedí al Señor que me cuidara y me mantuviera a salvo, para que pudiera difundir sus mensajes.

Fuera de la iglesia hice autostop y me recogió un grupo de soldados, lo que me puso un poco nervioso, porque no tenía ningún documento que me permitiera permanecer en el país. Había oído muchos rumores aterradores de soldados que pegaban a los que predicaban y hablaban del amor de Dios. Me dejaron en Kayanza, la ciudad donde Jesús me había dicho que durmiera la primera noche. Pero no pude reservar ninguna habitación y decidí que tendría que ir a algún otro sitio, a pesar de que eso sería ir en contra del itinerario que me había comunicado el Señor.

Quería comer algo antes de irme. Había un restaurante de carretera no lejos de donde los soldados me habían dejado, y entré. Me senté en una mesa donde estaba comiendo un hombre que no llegaba a los treinta. Parecía amable y me dijo que su nombre era «Emmanuel», que significa «Dios con nosotros», y que es el nombre que Jesús me dijo que adoptara cuando me bauticé. Lo tomé como una señal de que Dios estaba conmigo en ese restaurante. A lo mejor Emmanuel podía ayudarme a llegar a casa del obispo.

Le dije que iba a Bujumbura, y que estaba buscando un lugar para pasar la noche. Me aconsejó un hotel que quedaba cerca, pero yo sabía que en un hotel seguramente me pedirían documentación y yo no tenía.

Traté de cambiar de tema rápidamente para que no notara que estaba nervioso y empezara a sospechar.

—Bueno, de todas maneras no tengo dinero para un hotel. Hace buen tiempo hoy, ¿no crees?

Emmanuel contestó:

—Sabes, tengo… —pero su frase se desvaneció sin ningún ofrecimiento. Tenía la sensación de que me estaba evaluando, tratando de decidir si era seguro invitarme a su casa.

No soy muy alto y sé que parezco un niño pequeño, así que pensé que seguramente no se sentía intimidado por mí. Como necesitaba un sitio donde pasar esa noche, decidí invertir una parte del dinero que me había dado Camille en una botella o dos de «persuasión amable».

—Yo creo que a ti te debe gustar la cerveza Primus —le dije, señalando dos botellas vacías que había sobre la mesa—. Me gustaría invitarte a un par de rondas si te apetece un poco más.

Emmanuel tenía mucha sed y pronto se terminó las bebidas que le traje. Hablaba por los codos a esas alturas, como si fuéramos viejos amigos.

—¿Sabes? —me dijo con una sonrisa—. Tengo mucho sitio en casa. A lo mejor te resulta más sencillo pasar la noche en mi casa.

—Sería genial —dije, y pedí otra cerveza.

Después de que Emmanuel se la terminara, nos levantamos para marcharnos. En cuanto abrimos la puerta tuvimos que salir corriendo para escapar de un *jeep* lleno de soldados que se había detenido en el restaurante. Empezaron a golpear a la gente hasta dejarla sin sentido. Había una parada de autobús en el restaurante y los soldados habían venido buscando trabajadores sin papeles o a cualquiera que estuviera de forma ilegal en el país, ¡como yo! Al menos veinte o treinta personas cayeron bajo sus golpes implacables. Había muchos hombres, mujeres e incluso niños cubiertos de sangre y tirados en la cuneta.

—Que no te entre el pánico. No corras —me dijo Emmanuel en voz baja—. No están aquí por nosotros… Estate tranquilo y no nos pasará nada.

Por suerte, llevaba puestas mis mejores ropas, un traje que Camille me había regalado para mi bautizo. Por una vez en mi vida no parecía un campesino pobre con una absoluta necesidad de encontrar trabajo...

Esa noche me quedé en casa de Emmanuel y nos hicimos buenos amigos. Por la mañana me llevó a la parada del autobús, donde subí a un minibús que iba a Bujumbura. Estaba hasta los topes y tuve que meterme a presión en un sitio entre una ventana y un oficial militar vestido de uniforme. Estoy seguro de que estaba sudando dentro de mi elegante traje, pero traté de mantenerme sereno, tal como me había dicho Emmanuel que hiciera durante el incidente del restaurante.

El oficial entabló conversación conmigo e inmediatamente le dije que era ruandés, sabiendo que probablemente lo deduciría tras oír mi acento. A pesar de que Ruanda y Burundi son parecidos en cuanto a costumbres y cultura y tienen un idioma muy similar, hay diferencias fácilmente identificables en nuestra pronunciación y forma de hablar. Yo estaba seguro de que si el oficial pensaba que yo trataba de tomarle el pelo, fingiendo que era de Burundi, me pediría la documentación y nunca podría llegar a casa del obispo para entregarle los mensajes del Señor.

A pesar de que fui sincero con lo de ser ruandés, me puse en peligro cuando el oficial me preguntó si estaba en Burundi por negocios o de vacaciones. Yo sabía que no podía decirle que había ido para contarle al obispo un mensaje de Dios, así que le conté una media verdad: que estaba allí para visitar al obispo Ntuyahaga, que era un gran amigo de la familia.

—¡Pero qué coincidencia! —exclamó el oficial—. ¡El obispo y yo somos vecinos! Tú y yo tenemos el mismo destino. Podemos ir juntos hasta allí.

El oficial, que era muy amable, se bajó del autobús conmigo y fuimos andando juntos hasta la puerta de la casa del obispo. Yo estaba al borde del pánico, pensando que me arrestarían delante del propio obispo. «Ayúdame, Jesús», recé en silencio. Y yo creo que Jesús me ayudó sugiriéndome una gran idea… Era el día de Año Nuevo, así que me volví hacia el soldado y le dije:

—Es tradición familiar en mi casa regalar a los nuevos amigos una bebida para brindar en Año Nuevo. Pero como el obispo me está esperando, tenga usted 20 dólares. ¿Por qué no se toma algo a mi salud? —Los ojos del oficial se iluminaron y se guardó el billete en el bolsillo de la camisa.

—Gracias, amigo, me apetece mucho tomar algo. ¡Que disfrutes de tu visita al obispo!

Cuando el oficial se alejó, me volví y puse el dedo en el timbre, pero no llamé. Como había estado muchas veces en casa del obispo Gahamanyi en Butare, sabía que muchos feligreses se presentaban sin cita previa en su casa a todas horas. Puede que este obispo también tuviera empleados con la misión de mantener alejados a los visitantes no deseados. De modo que intenté otra aproximación. Fingí que trabajaba en casa del obispo. Me aseguré de llevar bien puesta la camisa, me enderecé la chaqueta y me colé por una puerta trasera que daba a la cocina. Me topé con la cocinera, que me preguntó qué deseaba.

—Estoy aquí para ver al obispo por un asunto urgente. Me envía el obispo Gahamanyi de Butare con noticias importantes.

—Lo siento, pero el obispo está durmiendo la siesta en este momento y no se le puede molestar.

—Esté durmiendo la siesta o no, tengo que hablar inmediatamente con él.

La cocinera me miró como si hubiera perdido la cabeza.

—¿Está usted seguro de que quiere despertarle? No le gusta que le interrumpan cuando está echándose la siesta.

—Sí, estoy seguro. Este asunto no puede esperar.

La cocinera me llevó hasta una salita de estar y volvió unos minutos más tarde con el obispo, que me abrazó calurosamente sin ni siquiera preguntarme el nombre. Ahora que estaba cara a cara con él y que estaba a punto de llevar a cabo la primera parte de mi misión, no estaba muy seguro de por dónde empezar. Así que me lancé al meollo directamente.

—Obispo, soy Segatashya, y estoy aquí con el consentimiento del obispo de Butare. Puede que haya oído usted hablar de los videntes de Kibeho. Yo soy uno de esos videntes. He sido enviado a Burundi por el mismo Jesús para difundir los mensajes de Kibeho. Jesús me dijo que debía entregarle a usted personalmente los mensajes, y por eso he venido.

Le conté los más importantes. El obispo permaneció de pie y los escuchó sin decir ni una palabra, pero sudaba copiosamente y parecía muy agitado. Dijo que mucha gente había sido encarcelada durante los últimos meses por hablar abiertamente de su fe en Dios. Explicó que el gobierno hacía cerrado varias iglesias, y que él no podía permitirme difundir esos mensajes entre la gente de Burundi. Añadió que yo no era bienvenido en su casa y me ordenó que me marchara inmediatamente.

—Pero señor obispo, no tengo ningún otro sitio adónde ir —protesté—. Debo pasar la noche aquí.

—Ese no es mi problema. No te vas a quedar en esta casa. Ahora, márchate —dijo enfadado, y me empujó fuera.

Mientras me alejaba de su casa, me gritó:

—Voy a llamar a las autoridades ahora mismo. Me aseguraré de que te metan en la cárcel.

—Sería un placer que me metieran en la cárcel. Al menos encontraré allí a alguien que escuche mis mensajes —le contesté.

Me arrodillé sobre la hierba, no lejos de su casa, y empecé a rezar. Unos minutos más tarde vinieron algunos sacerdotes, enviados por el obispo, y empezaron a hacerme preguntas, pidiéndome los nombres de todos los ruandeses que conociera en Burundi. No quise contar nada, aparte de los mensajes que Jesús me había enviado a entregar. Al final me metieron en un coche y me dejaron delante de la embajada de Ruanda.

Era tarde y la embajada estaba cerrada. Esa noche, dormí en un coche abandonado esa noche y fui andando a la embajada por la mañana. Los oficiales me interrogaron durante varias horas para saber cómo había entrado en el país con documentos no válidos y a qué me dedicaba.

Respondí a sus preguntas lo mejor que pude, y me dijeron que había incumplido las leyes y que sería encarcelado durante mucho tiempo. Pedí perdón por haber incumplido la ley, pero les expliqué que iba en una misión de Jesús. Les prometí que, en el futuro, intentaría no volver a incumplir ninguna ley.

Al final me metieron en un autobús y un oficial de la embajada me escoltó durante todo el camino de vuelta a Ruanda. Me llevó a casa del obispo Gahamanyi y le informó de todo lo que había ocurrido. El obispo parecía muy molesto y preocupado por cómo me habían tratado. Solo me dijo lo siguiente:

—¡Pobre Segatashya!… Mejor que no vuelvas a Burundi.

Comisión: Segatashya, es una historia increíble. Muy pocos ruandeses salen del país a lo largo de su vida. Pero aquí estás tú, un joven pastor, dispuesto a enfrentarte a los oficiales del ejército y del gobierno, e incluso a altos cargos de la Iglesia, para llevar el mensaje del Señor al mundo. Si lo que nos dices es cierto, creo que eres un héroe. Dinos, ¿se te apareció Jesús otra vez cuando volviste de Burundi?

Segatashya: Sí, se me apareció el 5 de enero. Esto fue lo que me dijo:

—No intentes volver a Burundi. Lo más importante es que me obedeciste e hiciste lo que te pedí. Te podría recompensar ahora por este gran trabajo y por demostrar tanto valor, pero la verdad es que no te queda mucho tiempo en la tierra... Y cuando ese tiempo haya pasado, te recompensaré mucho mejor. Sé valiente y sigue cumpliendo mi voluntad, porque tu trabajo acaba de empezar. Mañana debes prepararte para tu próxima misión.

10. Misión en El Congo

Segatashya era todavía un adolescente cuando Jesús le envió a predicar la palabra de Dios al corazón del Congo. Y aunque los congoleños tienen fama de amables y simpáticos, muchas zonas de lo que entonces era Zaire eran lugares sin ley, sitios donde los delincuentes tenían libertad para aterrorizar, violar, robar y asesinar. Para un viajero joven e inexperto se trataba de uno de los lugares más peligrosos de la tierra.

Y sin embargo Segatashya, el inocente pastor que creció en una choza, se atrevió a ir a Zaire, llevando únicamente algo de ropa a la espalda, la comida en una bolsa de papel y unos pocos dólares en el bolsillo. Zaire era una tierra extranjera e inhóspita donde Segatashya no conocía a nadie. No conocía el idioma, ni dónde iba a dormir, ni lo que iba a comer o a quién acudir en busca de ayuda.

Todo lo que sabía es que Jesús le había dicho que fuera allí para empezar a extender sus mensajes por el mundo, y eso era todo lo que necesitaba.

Hasta que no llegué a la universidad, mis padres no me dejaban ir sola a ningún sitio, y no solo porque fuera chica. La mayoría de los ruandeses, especialmente entonces, no viajaban mucho más allá del lugar donde nacían. A día de hoy, la inmensa mayoría de los ruandeses sigue sin salir del país ni una sola vez en toda su vida.

La imagen de ese pequeño pastor, inculto, inocente y tan joven, deambulando por Zaire él solo, ha figurado siempre en mi mente como un monumento al valor.

Sus amigos y parientes le suplicaron que no se fuera, advirtiéndole de que era muy posible que lo apalearan, le robaran e incluso lo mataran. Pero Segatashya no se lo pensó dos veces cuando Jesús le dijo que comprara un ticket de autobús de ida y se dirigió al puesto fronterizo más cercano. Era lo que Dios quería, y Segatashya había dedicado su vida a cumplir la voluntad de Dios. Jesús quería que fuera a Zaire, y no había poder en la tierra que pudiera evitar que se marchara.

El viaje de Segatashya requería un grado de valentía personal que pocos de nosotros podemos igualar; deberíamos rezar para alcanzar su fe.

En 1988, la Comisión de Investigación convocó una sesión especial para escuchar el relato de Segatashya de sus dos años de viaje al corazón del Congo, durante los que se dirigió a los corazones de miles de congoleños. Lo que viene a continuación es una compilación de tres informes diferentes de esa sesión:

Comisión: Segatashya, hemos oído muchas historias asombrosas sobre tus experiencias en la región del Congo. Ahora que has vuelto a casa, ¿podrías hablarnos de tu misión lo mejor que puedas, desde el principio hasta el final?

Segatashya: El 18 de enero de 1986, Jesús se me apareció en mi cuarto de Butare y me dijo que había llegado el momento de irme al Zaire e incluso me indicó qué ruta debía seguir. Yo estaba nervioso, porque Zaire es muy grande, y hay más de doscientas lenguas y dialectos diferentes. No sabía dónde iba a alojarme, a quién dirigirme ni cómo iba a poder comunicarme. Pero Jesús me tranquilizó:

—Tú eres mi mensajero. No te preocupes; no me apartaré de tu lado, y estarás bien.

Me dijo que fuera en autobús de línea hasta el extremo sur del Lago Kivu, y que pasara al Zaire por la ciudad fronteriza de Bukavu, que es un sitio muy peligroso, lleno de ladrones y bandidos, según me habían informado. Mi amigo Camille, que me había dado algo de dinero para el camino, me advirtió de que no entrara solo en Bukavu, porque un chico tan joven viajando solo era un imán para los ladrones. Por suerte, conocí a un hombre en la frontera que me había visto hablando con Jesús en Kibeho. Me acompañó a casa del obispo local, que me dio su bendición para que predicara en su región. Pero cuando empecé a hablar en las escaleras de unas cuantas iglesias, el obispo me retiró el permiso.

Por alguna razón, las autoridades religiosas no querían que compartiera los mensajes con sus parroquianos, así que me quedaba en la calle y predicaba. Pronto se extendió la noticia de mi presencia gracias al boca a boca. Siempre había alguien que traducía lo que yo decía, y la gente comenzaba a responder a los mensajes del Señor. Empezaron a congregarse grandes multitudes cada vez que hablaba.

Los sacerdotes protestantes y los pentecostales me invitaron para que hablara en sus iglesias. Gente de diferentes religiones venía a verme allí, y cientos de católicos (cuyas iglesias me habían sido vedadas), acudían también a escucharme allí.

Dos meses después de llegar al Zaire, el obispo de Goma, una ciudad al norte del país, me invitó a tomar el té. Me dio su bendición para predicar en su diócesis, siempre que no hablara en las iglesias o que transformara mis mensajes en mítines políticos. Parece que hay muchos conflictos armados promovidos por grupos rebeldes en el Zaire, y el gobierno no se sentía tranquilo cuando había grandes concentraciones de personas.

Mi misión era mucho más complicada si no podía hablar en las iglesias, pero cada semana llegaba más gente a los colegios, a los ayuntamientos y a las plazas donde predicaba. Al principio había docenas, pronto hubo muchos cientos. Mis oyentes eran de lo más variopinto: soldados enfermos de un centro de minusválidos, presos de una prisión enorme... Todos ellos, muy interesados en los mensajes de salvación y redención.

Comisión: Segatashya, como has mencionado se hablan casi doscientas cincuenta lenguas y dialectos distintos en el Zaire. ¿En qué idioma difundías los mensajes?

Segatashya: Al principio solo hablaba el único idioma que conocía, el *kinyarwanda*. Normalmente había alguien que traducía mis palabras al *swahili*, que se habla en Goma; y en los pueblos más pequeños, alguien traducía los mensajes a los dialectos locales. Pero no siempre estaba seguro de que mis palabras fueran traducidas exactamente como yo las decía, tal y como el Señor me las había dicho a mí. Así que empecé a rezar a Jesús para que me ayudara a asegurarme de que sus mensajes se transmitían adecuadamente... Después de todo, esos mensajes pueden significar la diferencia entre que un alma vaya al cielo por toda la eternidad o al fuego del infierno. Las palabras importan.

No mucho después de pedirle a Jesús que me ayudase con el problema del idioma, un día me di cuenta de que podía reconocer algunas palabras del *swahili*. Menos de una semana después, entendía casi cada palabra que oía. Después de dos semanas, interrumpí a uno de mis traductores en mitad de una frase y le corregí en *swahili*:

—Eso no es lo que he dicho. Si vas a transmitir las palabras del Señor, por favor, dilas correcta y sabiamente. Estás jugando con el alma de las personas.

Creo que aquellas fueron las primeras palabras que dije públicamente en *swahili*. Después de aquello, empecé a difundir mis mensajes en ese idioma por toda la zona de Goma. Concedía entrevistas y respondía a las preguntas que me hacían. Sé que suena increíble; no me podía creer que hablase con tanta fluidez en un idioma extranjero en tan poco tiempo, pero aquello fue lo que sucedió. Y tengo pruebas de que pasó, porque uno de los sacerdotes que viajaba conmigo, el Padre Pierre, de la orden de los Padres Blancos de Canadá, había empezado a grabar mis palabras al poco de mi llegada a Goma. Un día, el Padre Pierre vino a verme con algunas cintas y me las puso.

—Escucha, Segatashya, esto es de hace un mes —me dijo, y escuché una grabación en la que yo hablaba sobre el fin de los tiempos y la urgencia de rezar pidiendo el perdón de nuestros pecados con un corazón arrepentido. Todas las palabras estaban en *kinyarwanda*. Después le dio al *play*, y puso otra cinta en el casete. Era el mismo mensaje, pero estaba la mitad en *kinyarwanda* y la otra mitad en *swahili*. Cuando le dio al *play* por tercera vez, yo hablaba todo el rato en *swahili*.

«Quizá es solo que se me da bien el *swahili*», pensé. Pero me di cuenta en seguida de que Jesús me había enviado al Espíritu Santo para que me bendijera con el «don de lenguas». Aprendía a hablar cada nuevo idioma con soltura en pocos días, después de visitar la región. Ese fue el caso del *lingala*, hablado por millones de personas en el norte y el oeste de Zaire, y que aprendí en media semana mientras visitaba a los reclutas de una base militar.

Otro idioma que aprendí bastante rápidamente fue uno muy difícil, el *ciluba*, que es completamente diferente a cualquier otro idioma que yo dominara. El dialecto que estaba intentando aprender se hablaba en un zona de gente reservada y desconfiada con los extraños. Nadie quería hablarme en *ciluba*, pero había mucha gente que lo hablaba y yo quería transmitirles mis mensajes. Me sentía muy frustrado por no poder aprenderlo.

Al final, me arrodillé y grité:

—Jesús, hay miles de personas en esta región que quieren escuchar tus palabras. No me dejes mudo, cuando hay tantas almas sedientas de tu verdad. Dale a esta gente la gracia de confiar en mí para que me enseñen su lengua nativa.

Y confiaron en mí y me hablaron en su idioma. En menos de dos meses lo entendía perfectamente y lo podía hablar bastante bien.

Comisión: Segatashya, aprendiste esos idiomas y te hemos oído hablar en ellos. Dinos, ¿podías rezar en esos idiomas?

Segatashya: Sí, podía rezar en todos esos idiomas y en otros también. Era una maravilla encontrar nuevas maneras de hablar con María y Jesús. Y cuantos más idiomas aprendía, más gente acudía a escuchar los mensajes que Jesús quería que difundiera por todo el país.

Comisión: ¿Así que le hablaste a mucha gente, de diferentes regiones y perteneciente a otras religiones?

Segatashya: Me dirigía a los hijos de Dios. Un protestante me preguntó:

—Nuestra religión nos dice que no tenemos que creer en la Virgen María, que es una mujer como las demás. Pero el catolicismo dice que, si no rezas el rosario, no irás al cielo, porque María es muy importante para vosotros. ¿Qué dice Jesús sobre eso?

—Nadie ha dicho que una persona que no reza el rosario no pueda ir al cielo. Lo que Jesús me dijo sobre las diferentes religiones es que a aquellos que saben más, se les pedirá más. Serás juzgado por lo que sepas. No te voy a pedir que dejes tu religión para hacerte católico. En lugar de eso, te voy a pedir que sigas creyendo sinceramente en lo que te enseña tu religión. Si tu religión te enseña a amar como Dios ama, entonces sigue los mandamientos que te dan, y nada te impedirá ir al cielo. Debes seguir las promesas que hiciste en tu religión.

Comisión: Nos entristeció enterarnos de la muerte de tu madre y de algunos de tus hermanos, después del comienzo de tu misión. ¿Te ha servido de consuelo la Virgen María?

Segatashya: María ha supuesto un enorme consuelo para mí. Es nuestra Madre amorosa del cielo, y sabe la pena que desgarra el corazón de un joven cuando pierde a un ser querido. Cuando rezo el rosario, le ofrezco a Nuestra Madre el dolor por la tragedia de mi familia.

Todo ocurrió unos seis meses después de que me marchara. La muerte de mi madre fue el desafío más difícil al que me he tenido que enfrentar hasta ahora, y la angustia de esa pérdida aumentó cuando dos de mis hermanos murieron, muy poco tiempo después de mi madre. Yo estaba en un rincón remoto del Congo cuando ella falleció. Mi amigo Nicolás, que viajaba conmigo en ese momento, se enteró de su muerte una noche, por radio. Lo pasó muy mal cuando me tuvo que informar de algo tan horrible.

Nicolás tenía algo de dinero y pudo arreglarlo todo para que un avión nos llevara a Ruanda. Tenía que ver a mi padre, porque perder a sus dos hijos y a su mujer era demasiado. Cuando por fin le vi, estaba a punto de volverse loco de dolor. Tuve miedo de que se suicidara. Pero no podía quedarme con él; debía continuar con mi misión y ni siquiera pasé una noche llorando a su lado. Jesús me había dicho que no permitiera que nada de este mundo me impidiera cumplir su voluntad, que todas las cosas de esta tierra pasarán, que solo su palabra es eterna. Es mi obligación extender su palabra todo lo que pueda antes de que termine mi tiempo en este mundo.

Comisión: ¿Qué ocurrió cuando volviste al Zaire?

Segatashya: Regresé inmediatamente después de ver a mi padre. Tenía un sentimiento de urgencia por difundir los mensajes del Señor en tantos lugares del Congo como me fuera posible, durante los dos años que Jesús me había dicho que pasaría allí. Pero es un país muy grande, y se tarda mucho tiempo en ir de un sitio a otro. Me acuerdo de una ciudad concreta donde tuve que esperar muchos días para recibir la aprobación oficial del obispo local antes de empezar a predicar. Mientras esperaba, pasando el rato, se me apareció Jesús y me dijo:

—Lo que es bueno para ti no es bueno para mí. Apresúrate a hacer lo que yo quiero, no lo que tú quieres. Sigue aceptando tu sufrimiento sin quejarte, porque yo estoy contigo.

Como decía, podía resultar verdaderamente difícil desplazarse. Una vez tuve que quedarme durante una semana en un hotel en mitad de la nada para conseguir una plaza en un tren a Lubumbashi, una ciudad grande al sur de Zaire, en la frontera con Zambia.

Mientras aguardaba, conocí a un ruandés llamado Vincent que también estaba esperando como yo. Trabajaba como ingeniero de minas. Era muy inteligente, pero había perdido su empleo y no podía permitirse costear su billete. Me ayudó a descubrir por qué me estaba costando tanto conseguir el mío. Cuando iba a la estación a quejarme, los de la ventanilla me daban largas o no me hacían ni caso. Vincent me dijo que, a pesar de que sabía hablar cinco o seis idiomas, no había aprendido todavía el idioma de la corrupción.

—Es universal, y se habla donde quiera que se junten los hombres y el dinero —me explicó, pidiéndome algo de dinero en efectivo. Fuimos andando hasta la estación de tren, y Vincent metió unos billetes en mi pasaporte. Dos minutos después, tenía mi billete de tren a Lubumbashi.

—¿Ves? El dinero habla por sí solo —dijo Vincent riéndose—. Ahora ya has aprendido el arte del soborno.

Para agradecerle su amabilidad, le ayudé a pagar su billete y después, tras tantos días desperdiciados en una solitaria habitación de hotel, me monté en el tren, rumbo a una gran ciudad, para predicar a grandes multitudes de personas que necesitaban salvarse.

No estoy muy seguro de lo que hizo el que nos vendió los billetes, pero yo había pagado por dos asientos en primera clase y nos dieron dos de tercera. Así que Vincent y yo nos sentamos en la parte trasera del tren, donde las ventanas habían sido arrancadas y las puertas de los dos extremos del vagón se abrían solas. El tren se movía muy despacio y, en una curva muy pronunciada, un grupo de hombres empezó a correr a lo largo de las vías más próximas a nuestro vagón. Parecían muy enfadados. Tenían los ojos inyectados en sangre y algunos llevaban pañuelos anudados a la cabeza.

—¡Bandidos! ¡Qué Dios nos asista! —gritó un hombre, mientras los hombres se acercaban a nosotros. Era obvio que se dirigían hacia nuestro vagón porque el acceso era más sencillo, debido a las ventanas rotas y a las puertas. Uno de los hombres se agarró al alféizar de la ventana y se impulsó dentro del tren. Aterrizó encima de una mujer y su hija, que estaban encogidas de miedo en sus asientos.

La mujer y la niña pequeña gritaron, y el hombre las abofeteó antes de estirar el brazo para agarrar a uno de sus compañeros. Bien pronto, el resto de los hombres se encontraban en el pasillo de nuestro vagón, insultando a los pasajeros y pidiendo dinero a todo el mundo. Si alguno no pagaba, recibía una paliza. Aullaban como lobos cuando arrastraron a tres hombres al pasillo antes de arrojarlos por la ventana. Pudimos ver cómo se les partía el cráneo al chocar contra las rocas...

Los bandidos ataron a algunos pasajeros a los asientos con sus propios cinturones. Y mientras esos hombres estaban atados e indefensos, violaron a sus mujeres y a sus hijas delante de sus ojos. Era horrible ver aquello, pero no había ningún lugar al que poder huir ni forma alguna de ayudar. Algunos hombres hacían guardia con sus machetes mientras otros realizaban sus actos demoníacos. Me moví para ayudar a las mujeres, y la hilera de hombres me apuntó con sus machetes.

Vincent me agarró por los hombros y me dijo:

—¡Tú te sabes todas las oraciones! ¡Es el momento de empezar a rezar! ¡Reza, pídele a Jesús que nos salve! ¡Pídele a Jesús que se te aparezca ahora y ordene a estos hombres que paren!

Uno de los hombres vio el largo crucifijo de madera que yo llevaba al cuello:

—¿Eres cura, no, hombrecito? Eso significa dinero... ¡Dame tu dinero, cura! —ordenó, alargando su mano ensangrentada hacia mí.

—Dale el dinero —me dijo Vincent.

Saqué los billetes de mi bolsillo y el hombre me los arrebató. Se metió el dinero en los pantalones y nos empujó a Vincent y a mí hacia la parte delantera del vagón. No esperamos a ver qué hacía con nosotros, sino que salimos corriendo hacia el siguiente vagón. Entonces aparecieron algunos empleados del tren, pero era demasiado tarde para ayudar. Los bandidos saltaron por las ventanas, dejando atrás los cuerpos y las almas destrozadas de sus víctimas.

Los empleados del ferrocarril nos dijeron que la violación y el asesinato eran cada vez más frecuentes en el Zaire, y estaban especialmente preocupados por ese tema ante la inminencia de las vacaciones escolares.

—¿Quién va a proteger a nuestros hijos? —preguntó uno de los revisores, mirando horrorizado a las víctimas que se lamentaban en el otro vagón.

—¿Qué clase de mundo es este en el que los hombres son capaces de hacer semejantes cosas? —se lamentó Vincent—. No puedo seguir en un lugar así.

Yo sabía que mi sitio estaba precisamente en un lugar como ese. La maldad, el gusto por el pecado que acabábamos de presenciar, eran el verdadero motivo por el que Jesús y María habían venido a Kibeho: para advertirnos de lo que nos espera en el futuro si el hombre no acoge el amor de Dios.

Nos bajamos del tren en cuanto pudimos, porque teníamos miedo de que los bandidos volvieran a por nosotros. Estábamos en una ciudad llamada Kamina y vimos una docena de soldados armados en el andén. Todo el mundo creía que habían venido a proteger a los pasajeros, pero para nuestra incredulidad, ¡empezaron a robar a la gente cuando subieron al tren! Los soldados se acercaron a nosotros y nos dijeron que vaciáramos nuestros bolsillos. De repente, me acordé de que una mujer que había conocido una o dos semanas antes, en una de mis charlas, me había dado una carta para que la utilizara si alguna vez estaba en peligro. Me dijo que mis mensajes la habían conmovido, y que quería asegurarse de que pudiera continuar con mi misión.

—Un chico tan bueno como tú se va a topar con situaciones difíciles viajando por este país —me dijo—. Me llamo Petronilla, y mi marido es un comandante de las fuerzas armadas muy conocido. Si alguna vez tienes problemas graves, utiliza esta carta, que dice que eres un buen amigo de mi marido. Todo el mundo le teme a mi marido, así que no te tocarán.

Los soldados habían agarrado a Vincent del brazo y estaban empezando a quitarle sus cosas cuando saqué la carta del bolsillo y se la tendí al soldado más grande del grupo.

—Esto es para ti —le dije.

El soldado leyó la carta, e inmediatamente les dijo a los otros que nos dejaran tranquilos. Me devolvieron la carta, y Vincent y yo salimos indemnes. Miré el sobre y le pregunté a mi amigo lo que ponía en el remite.

—Es una dirección de una casa de esta ciudad, donde vive la hermana de Petronilla. También dice: «Siempre serás bienvenido aquí» —leyó Vicente, y añadió—: La próxima vez que el Espíritu Santo te enseñe un idioma nuevo, a lo mejor podrías pedirle que también te enseñara a leer.

Encontramos el modo de llegar a casa de la hermana de Petronilla. Era una señora muy amable. Nos dio de cenar y nos ofreció una habitación para pasar la noche. Por la mañana, salí para continuar mi misión. Iba a coger el tren a Lubumbashi, donde había planeado seguir predicando. Le pedí a Vincent que viniera conmigo, pero dijo que no podía quitarse de la cabeza las imágenes de lo que había visto antes.

—Debe haber un demonio suelto por este país, si cosas así le ocurren a familias que viajan en un tren lleno de gente, a plena luz del día —dijo. Compró un billete a Zambia y no volvió nunca.

Según continuaba hablando por todo el país, el número de personas que venían a escuchar mis mensajes iba aumentando. Me entrevistaron en la radio y tuve la oportunidad de compartir los mensajes del Señor con el país entero por primera vez. Era como si cada novicia, monja y sacerdote de todas las diócesis de Zaire hubiera escuchado aquella emisión.

De repente, me invitaron a hablar a todo tipo de iglesias. El obispo de Lubumbashi estaba tan emocionado que llamó personalmente a los sacerdotes de toda la diócesis para que respaldaran mis mensajes. Los sacerdotes empezaron a pelearse unos con otros para ver quién podía conseguir que fuera antes a su parroquia, y me invitaron a ir a un total de treinta y siete. Aquella emisión también se transcribió a los periódicos. Entrevistaron a muchas personas que me habían oído hablar y sus palabras fueron muy favorables hacia mí.

Las cifras aumentaron hasta las cinco mil personas en cada encuentro, todos ellos en silencio y tan atentos que se podía oír el ruido de una mosca.

Los mensajes de Kibeho se hicieron tan populares, y las reuniones tan numerosas, que el párroco de Nuestra Señora del Congo me asignó un coche, un conductor y cuatro guardaespaldas para que me acompañaran a todas partes. Las salas donde hablaba también aumentaron de tamaño. Empecé a hablar en los paraninfos de las universidades, que podían a albergar a varios miles de personas, e incluso se hicieron gestiones para que pudiera hablar en estadios.

Se me apareció entonces Jesús y me entregó un nuevo mensaje. Era sobre la poligamia.

Jesús me dijo que debía recordar que la poligamia va en contra de la ley de Dios. Era un mensaje difícil. La poligamia —cuando un hombre tiene dos o más mujeres— es una práctica muy extendida y aceptada en el Zaire. Los hombres llegan a tener hasta diez mujeres o incluso más. La cultura acepta y facilita la poligamia, y yo me quedaba sorprendido al ver a mucha gente que iba a la iglesia y que eran polígamos (gente que tenía buen corazón y que hacía buenas obras, pero que creían en la poligamia y la practicaban). Jesús afirmó que esa gente estaba sentando un precedente muy malo y peligroso para los jóvenes que pertenecían a la iglesia y que seguían los dictados de sus mayores. Concluyó asegurando que no había excepciones en lo que se refiere a la poligamia y que quienes le adoraban en la iglesia debían ser más sensatas y no cometer aquel pecado.

Poco tiempo después de mi llegada a Lubumbashi, Jesús se me apareció otra vez y me dijo:

—Recuerda a los que tienen dos mujeres que incumplen mis mandamientos, y que son ladrones.

Y para aquellos que dentro de la iglesia practicaban la poligamia, añadió este mensaje:

—¿Cómo puedes trabajar para mí si no estás dispuesto a hacer todo lo que te pido que hagas?

Este tema fue muy polémico durante mi misión en el Congo. Las grandes multitudes que se congregaban, se mostraban muy entusiastas en lo referente a los mensajes de Jesús que hablaban sobre la redención y la salvación por medio de la confesión, el arrepentimiento, y el amor —todo para prepararse para el final de los tiempos— y cientos de personas gritaban: «¡Amén! ¡Aleluya! ¡Gloria a Dios!». Pero con la poligamia era mucho más difícil.

—La poligamia se practicaba en la Biblia —decían—. ¿Qué pasa con los patriarcas del Antiguo Testamento? ¡Abraham tenía tres mujeres, el rey David tenía seis y Salomón tenía *setecientas* mujeres! ¿Por qué ellos podían y nosotros no podemos? ¿Por qué ni siquiera podemos tener *dos* mujeres?

Yo les respondía como me había dicho Jesús que lo hiciera:

—No vivimos en los tiempos del Antiguo Testamento; vivimos en los tiempos del Nuevo Testamento. Jesús vino a la tierra para enseñarnos un camino nuevo y nos dijo cómo seguir ese camino en las palabras del Nuevo Testamento.

Cuando me preguntaban: «¿Por qué Jesús piensa que las personas que tienen dos mujeres son asesinos y ladrones?

¡No es nada agradable que se nos llame así!», yo siempre les respondía:

—Jesús dice que la segunda mujer es una asesina porque mata la paz y la alegría que la primera mujer sentía en su corazón por su marido. El primer matrimonio es sagrado; está bendecido por el sacramento del matrimonio, celebrado en el primer (y único legítimo) matrimonio.

Y Jesús dice que la segunda mujer es una ladrona porque roba el amor que el marido solo debería dar a su primera mujer. El amor conyugal del marido pertenece a la primera mujer, y cualquiera que le robe ese amor es un ladrón.

Jesús dice que el hombre en una relación de poligamia es un ladrón y un asesino como cualquier otro asesino y ladrón; un asesino, porque está matando el mandamiento de Dios y matando la paz de las dos mujeres, y un ladrón porque lo que está cogiendo no le ha sido dado. Será juzgado también como ladrón, si no se arrepiente y se aleja de su pecado.

Por eso, los hombres y las mujeres que forman parte de una relación polígama son como asesinos, porque matan la pureza que el amor de Dios confiere a un hombre y a una mujer, cuando se unen como marido y mujer durante el sacramento sagrado del matrimonio.

Estas afirmaciones encolerizaban a todos los que estaban a favor de la poligamia. Y, con gran sorpresa de mi parte, ¡las más enfurecidas eran las mujeres! Cuarenta o cincuenta mujeres enfadadas se me enfrentaron una tarde después de que hubiera terminado de hablar en el auditorio de una iglesia de Lubumbashi.

—¡Cómo puedes decir esas cosas! —me gritó una de ellas—. La mayoría de los hombres de mi aldea murieron durante la guerra y ahora hay una gran escasez de hombres. ¿Qué esperas que hagamos las mujeres cuando nos llega el momento de casarnos y tener hijos? ¿Qué hay de malo en que algunas mujeres compartan un marido? ¡Es mejor compartir un marido que no tener ninguno! ¿O es que Dios quiere que seamos todas monjas?

Otra dijo que llevaba en un matrimonio polígamo doce años y que era imposible seguir el mensaje de Cristo para salir de ese matrimonio.

—Yo soy la tercera esposa, pero llevo casada con mi marido muchos años —me dijo—. Tenemos tres hijos en común, ¿qué quieres que haga? ¿Se supone que debo abandonar a mi marido? ¿Dónde podría ir? ¿Cómo podría alimentar a mis hijos? ¿Debo convertirme en una mendiga y una prostituta para que mis hijos no se mueran de hambre? Hay muchas mujeres como yo… ¡no todas podemos entregar nuestras vidas a Dios!

Todo lo que podía decirles es que la voluntad de Dios no siempre es fácil de seguir, pero que debemos seguirla. Nuestra vida en la tierra es difícil, pero es fugaz. Seremos recompensados en el cielo si vivimos según la voluntad de Dios.

Muchos hombres y mujeres jóvenes también se enfadaron con mi mensaje. Al terminar, querían saber qué había de malo con el sexo fuera del matrimonio.

—No es normal que un hombre esté mucho tiempo sin una mujer —afirmó un chico joven—. ¿Y por qué no deberían las mujeres jóvenes estar con un hombre, si ese hombre puede ayudarlas a pagar su alquiler o su matrícula? ¿No es bueno que una mujer joven se beneficie un poco de su relación con un hombre? ¿Qué hay de malo en hacer feliz a un hombre, si el hombre hace a su vez feliz a esa mujer?

Respondí repitiendo el mensaje que Jesús y María habían transmitido en Kibeho en lo referente a las relaciones prematrimoniales:

—Los hombres y las mujeres deben respetarse a sí mismos y tratar sus cuerpos como templos del Señor, y no permitir que sus cuerpos sean tratados como terreno de juego de la carne. Ponen sus almas en peligro por unos breves momentos de placer. Los adolescentes y los jóvenes piensan en divertirse; no piensan en las consecuencias de sus acciones o en la inmortalidad de sus almas. Es algo sobre lo que os deberían aconsejar vuestros mayores.

Les dije a los jóvenes que rezaran a Dios para que en su parroquia hubiera hombres y mujeres de fe y bien dispuestos. Esos son los modelos que los jóvenes necesitan, no polígamos que viven en un estado constante de adulterio. La juventud debería aprender esta verdad: el adulterio es un pecado muy, muy serio. Va contra el séptimo mandamiento. Lo mejor es ser virgen hasta el matrimonio, y luego fiel en el matrimonio, que es una unión entre un hombre y una mujer.

Los mensajes que difundí sobre la poligamia y el adulterio casi me costaron la vida.

La primera vez que transmití el mensaje sobre la poligamia en Lubumbashi fue en la Nochebuena de 1986. Esa noche fui a la misa del gallo con un grupo de cristianos carismáticos, que luego celebraron una reunión de oración y una fiesta de bienvenida en mi honor. Durante la fiesta, alguien me alargó un vaso de Coca-Cola. Antes de llevarme el vaso a los labios, me detuve para decir una oración de gracias a Dios. Durante el minuto o dos que me llevó rezar la oración, sentí que el vaso se me calentaba en la mano y una fuerza invisible me agarró de la muñeca, impidiendo que acercara la bebida a la boca. De repente, vi la Coca-Cola deslizándose por la pernera de mi pantalón. La parte de abajo del vaso se había desprendido y había caído al suelo. Parecía una lupa sobre las baldosas. Un vapor humeante salía del vaso roto de cristal que sujetaba en la mano todavía.

—¡Veneno! —gritó alguien, con la voz entrecortada. Oí la palabra *veneno* propagarse por el grupo en una ola de susurros llenos de estupefacción.

El sacerdote que me había ayudado a organizar el encuentro, el Padre Mutombo, estaba horrorizado. Era parte de un equipo asignado a protegerme cuando la muchedumbre era demasiado numerosa, sobre todo después de que empezara a recibir amenazas por lo que decía sobre la poligamia.

Un par de profesores de ciencias de la universidad local se encontraban en la fiesta y se acercaron a examinar el vaso. Se miraron uno a otro y sacudieron la cabeza.

—Eso te habría matado —dijo uno de ellos—. Es algún tipo de ácido.

La habitación quedó sumida en un silencio incómodo. Al final, uno de los carismáticos vino y recogió los dos pedazos de cristal. Se puso a andar alrededor de la habitación, sosteniendo las manos por encima de la cabeza, diciendo: «¡Aleluya, Amén! ¡Aleluya, Amén! ¡Aleluya, Amén! ¡Un milagro ha salvado la vida de Segatashya!». Una mujer confesó después a la policía que había puesto ácido en la bebida para ver si Jesús me salvaba, lo que probaría que era Dios quien me había enviado al Zaire.

Cuando aquel hombre con los trozos de cristal en alto dio la vuelta a toda la habitación, se sirvieron más refrescos. El Padre Mutombo corrió hacia mí e intercambiamos los platos de la cena.

—Por si acaso —dijo—. Y después de esta noche, no habrá más fiestas ni cenas. En cuento termines de rezar, te acompañaré directamente a tu habitación. Es mejor que no asumamos riesgos innecesarios.

La situación me resultó un poco deprimente y me ponía nervioso cada vez que me llevaba un vaso, taza o tenedor a los labios después de aquello.

Al día siguiente, se me apareció Jesús y me dijo:

—Donde había muerte, ahora hay vida. Sé fuerte y ten paciencia, porque los corazones de muchos son como piedras, y los oídos de muchos no oyen. Estate atento y aférrate a tus oraciones. Sigue rezando y permanece en guardia. Están intentando hacerte daño. Te vendrán por la derecha y por la izquierda. Si no te proteges mediante la oración, resultarás herido.

Jesús no se me volvió a aparecer en seis meses. Continué con mi labor, viajando a través del Zaire y predicando su palabra. Las multitudes continuaban creciendo. En una ocasión se congregaron entre 15 000 y 20 000 personas en un encuentro al aire libre.

A pesar de que venía tanta gente a esas concentraciones, yo no diría que fuera muy popular en la región. Eran los mensajes de Jesús los que les atraían y hombres y mujeres recorrían enormes distancias para escucharlos. Estoy seguro de que muchos corazones se convirtieron.

Continué hablando en contra de la poligamia, como Jesús me había pedido. Ese mensaje nunca fue bien recibido porque la verdad es dura de aceptar, pero Jesús me aseguró que muchos escucharon…, y que muchos habían cambiado.

Donde quiera que iba, tenía al menos dos guardaespaldas asignados para velar por mi seguridad.

Debo admitir que cuando Jesús no se me aparecía con regularidad, todo me resultaba más difícil y a menudo sufría personalmente. Me enfrentaba a muchas tentaciones, y únicamente podía apartarlas gracias a la oración constante. Sentía que el enemigo estaba siempre intentando atacarme; que el diablo odiaba que los mensajes del Señor estuvieran llegando a tanta gente y que decenas de miles de corazones de todo el Congo estuvieran llenándose del amor de Dios.

El diablo venía a mí de muchas maneras. Como os dije antes, las muertes de mi madre y mis dos hermanos, especialmente por ser tan seguidas, me golpearon con dureza. Estoy seguro de que el demonio utilizó esa pena en su provecho.

Había otras cosas malas que me ponían a prueba. En la noche de Viernes Santo del último año, estando alojado en la casa de huéspedes de una parroquia, se desencadenó un viento muy fuerte y estalló repentinamente una violenta tormenta. Alguien de la parroquia vino, me despertó y me llevó al edificio principal para que estuviera más resguardado. La tormenta duró solo unos pocos minutos. No hubo más daño en la casa que el de mi habitación, que quedó completamente destruida. El techo se había desgajado de las paredes y había caído sobre la cama. Las paredes, al quedarse sin sujeción, se derrumbaron sobre mi lecho también. Les llevó horas a los trabajadores rebuscar entre los escombros para recuperar mis pertenencias. Si esa persona no hubiera llamado a mi puerta exactamente cuando lo hizo, habría muerto.

Otra vez, estando alojado en otra casa de otra parroquia, encendí una vela votiva antes de tumbarme para echarme una siesta. Coloqué con cuidado la vela encima de una cómoda de metal, sobre la que no había absolutamente nada más que mi vela. Antes de dormirme recé, dando gracias a Dios por permitirme servirle y por cuidarme. Me quedé dormido y soñé que alguien entraba en mi habitación y me daba golpecitos en el hombro. Decía: «Segatashya, Segatashya, ¡despiértate! Apaga el fuego antes de que se queme toda la casa».

Abrí los ojos para ver quién me estaba hablando. No había nadie, pero la habitación estaba llena de humo. La cómoda de metal estaba envuelta en llamas. Fui al baño y cogí agua y toallas mojadas y pude apagar el fuego. Se me quemaron las manos, pero recé a Dios para que me quitara el dolor y las quemaduras se curaron en menos de una semana.

Y hubo otra ocasión en que sucedió algo muy alarmante. Acababa de terminar de hablar en una parroquia en el sur de Zaire; estaba esperando a un autobús que me llevaría a otra provincia, donde tenía programado mi siguiente acto. Mientras esperaba, un sacerdote joven, el Padre François, se detuvo en la parada con su coche. Me había oído hablar y sabía que yo me dirigía a la misma ciudad que él.

—Es un viaje de dos horas —dijo el Padre François—. Acompáñame y háblame de Kibeho.

Era tarde y estaba muy oscuro, así que agradecí la perspectiva de ir en coche. Habíamos tenido una conversación sobre las parábolas de Cristo durante una hora cuando una mujer salió corriendo justo delante de nosotros y nos paró. Iba despeinada y estaba angustiada y nos rogó que la acercáramos hasta la siguiente ciudad. Se sentó en el asiento de atrás y empezó a llorar tanto que no podía ni hablar. Incluso se arrancaba el pelo. Después de llegar a la autopista principal, y tras calmarse un poco, nos contó lo que le había ocurrido.

Dijo que estaba sentada en su casa con su hija adolescente, cuando unos soldados entraron por la puerta y trataron de violar a la chica. Le desgarraron la ropa, pero ella no permitió que la tocaran. Le dio una bofetada a uno de ellos y él sacó un cuchillo y la apuñaló en el estómago. Entonces los otros soldados sacaron sus cuchillos y se los clavaron, una y otra vez. «¡La han matado, esos diablos han matado a mi hija única!… ¡Era todo lo que tenía en el mundo!» —gritaba desconsolada la mujer—.

El Padre François y yo nos miramos, preguntándonos qué podíamos hacer para consolarla. De pronto, gritó: «¡No quiero vivir más!». La puerta trasera del coche se abrió con un crujido y oímos un golpe horrible.

El coche derrapó en la carretera hasta que el Padre François pudo desviarse hacia la cuneta y parar. La mujer no estaba en el asiento trasero. La encontramos 30 metros atrás. Estaba muerta.

El Padre François y yo estábamos temblando; no podíamos creer lo que acababa de suceder. Rezamos ante su cuerpo y le rogamos a Dios que tuviera piedad de su alma.

Otro sacerdote pasó en ese momento y le pedimos que avisara a la policía, que vino y arrestó al Padre François y lo metió en la cárcel. Como era el conductor, pensaron que había atropellado a la mujer. Era como estar en el infierno. Pensé que iba a perder la cabeza. Había demasiado horror a mi alrededor. Lo único que me salvó del colapso y de volverme loco fue la protección de Dios. Creo que Jesús quiso mostrarme lo que quería decir cuando afirmaba que el mundo estaba mal. No me había dado cuenta de la cantidad de violencia, odio y maldad que hay en el mundo hasta que me fui lejos de casa. Mi casa era un lugar tranquilo, donde todos nos preocupábamos por los demás. Zaire me abrió los ojos para que viera hacia dónde va el mundo, a menos que la gente se convierta al amor de Dios.

El otro sacerdote que había avisado a la policía me llevó a su parroquia y estuvimos rezando toda la noche. Recé el rosario durante horas y le pedí a la Virgen que me quitara la pena del corazón y la confusión de la mente. Le rogué a Jesús que cuidara del Padre François y que le protegiera de los demonios que me estaban atacando. Y le supliqué a Dios que tuviera piedad del alma de la mujer que había saltado de nuestro coche.

A la mañana siguiente, mi corazón se sentía más ligero. Dos días después fui a la comisaría de policía a testificar a favor del Padre François. Le retiraron las acusaciones y le pusieron en libertad.

Poco después de aquel incidente, Jesús se me apareció otra vez y dijo que había visto todas las pruebas, tentaciones y tribulaciones que había sufrido, y me dio las gracias por permanecer fiel y por obedecerle siempre.

Agregó que era hora de volver a casa, que mi labor en Zaire había concluido y que pronto comenzaría mi misión en Ruanda. Le di las gracias por animarme, hice las maletas y me vine derecho a casa.

Comisión: Segatashya, nunca podremos agradecerte lo suficiente este informe. Eres un joven de gran fe, que ama verdaderamente a Dios. Vemos que estás tocando los corazones de muchas personas durante tus misiones. Daremos a conocer nuestras conclusiones y estaremos deseando recibir noticias sobre tu próxima misión aquí, en Ruanda.

Epílogo
Cara a cara con Segatashya

Una de las maravillas de ser aceptada en la Universidad Nacional de Ruanda era que el campus se encontraba solo a una hora en coche de Kibeho. Eso significaba que podría, por fin —diez años después de suplicar a mi padre que me llevara con él—, hacer una peregrinación al lugar con el que había soñado desde que era niña. Ya no necesitaba el permiso de nadie. Podía ir cuando mi alma me lo pidiera, y mi alma estaba deseándolo.

Pertenecía a un grupo de oración de la Universidad que contrataba un autobús para llevar estudiantes a Kibeho varias veces al mes, y podéis estar seguros de que yo me apuntaba siempre. Era una experiencia increíble caminar por los campos de ese lugar sagrado y ver en persona los hechos milagrosos de los que había oído hablar desde la infancia.

Había todavía varias personas a las que la Virgen se les seguía apareciendo y miles de peregrinos acudían en masa, esperando un milagro. La atmósfera estaba impregnada de energía espiritual y de expectación.

Cuando me mudé al campus, en el otoño de 1992, las apariciones públicas de Segatashya habían terminado hacía ya nueve años. Y sus misiones en Burundi, Zaire y Ruanda habían acabado sin que yo hubiera tenido ocasión de conocerle en persona, ni de asistir a ninguna de sus apariciones.

Lo más frustrante era que durante su misión en mi país, a finales de los 80, visitó mi aldea, Mataba, ¡y yo no estaba allí! Casi todos mis conocidos le habían oído hablar y le habían dado la mano, pero yo acababa de entrar en un internado en el norte de Ruanda y no podía volver a casa...

«Bueno, todavía tengo las grabaciones de las apariciones de Segatashya en Kibeho», pensé. «Tendré que conformarme con escucharlas». Me resigné ante el hecho de no conocer a Segatashya jamás..., pero me había rendido de forma prematura.

Sucedió a finales de octubre de mi primer año universitario. Estaba en la habitación de mi residencia de estudiantes preparando un examen de Química, cuando mi amiga Margie se coló en mi cuarto con una sonrisa de oreja a oreja.

—Si te pudiera presentar a alguien, no importa lo rico o famoso que sea, ¿con quién querrías que te consiguiera una entrevista?

Marie tenía fama de gastar bromas pesadas, y yo estaba segura de que me iba a gastar una que me haría quedar en ridículo.

—¿Por qué lo preguntas? ¿Has visto a alguna estrella americana en el campus? ¿Eddie Murphy? ¿Sylvester Stallone? —dije con una risita, nombrando a los dos únicos actores famosos de Hollywood que conocía.

—No, va en serio. Y es mejor que cualquier estrella de cine. ¡Piensa! ¿No hay nadie en el mundo que hayas querido conocer desde siempre, y que pensabas que era imposible?

Moví la cabeza. No tenía ni idea de lo que hablaba mi amiga..., hasta que me di cuenta de que sostenía un rosario en la mano derecha. A pesar de que le gustaba gastarme bromas, Marie amaba a la Virgen María y a Jesús tanto como yo, y sabía que me encantaba el tema de los videntes de Kibeho.

—No estás bromeando, ¿no, Marie?

—No estoy bromeando, Immaculée.

—¿Estás diciendo que me podrías presentar a la persona que más deseo conocer en el mundo?

—¡Exacto!

—No estás hablando de Segatashya, ¿verdad? —pregunté, dejando caer mi libro de texto y poniéndome de pie.

—¡Sí! ¡Está aquí, en el campus! —gritó.

—¡No!

—¡Sí!

—¡No!

—¡Sí!

—Tienes que contármelo todo ahora mismo. ¿Dónde le has visto? ¿Qué hace aquí? ¿Cómo es? ¿Te dijo algo? ¡Cuéntamelo!

Marie me contó que su madre, que era tan fanática de Kibeho como yo, oyó decir a una amiga, quien a su vez se lo había oído decir a una monja de Butare, que Segatashya había encontrado trabajo en la capilla de la universidad, asistiendo al sacerdote de la escuela en sus tareas y haciendo trabajos para la rectoría. También trabajaba unas horas a la semana en la biblioteca.

—¡Bah, seguro que es solo un rumor!

—No, Immaculée. Ya conoces a mi madre. En lo referente a Kibeho, mi madre tiene buenos contactos.

—Ya veremos —dije, y salí corriendo por la puerta, todo lo deprisa que pude, hacia la capilla. Estaba jadeando cuando llegué a la oficina del sacerdote, y me senté unos minutos en los escalones para recuperar el aliento.

No podía creer lo emocionada que estaba… ¡y qué nervios! ¡Entrar en aquel despacho podía suponer ver cara a cara a alguien que había contemplado el rostro de Cristo!

Desde mi más temprana infancia había reflexionado sobre la naturaleza de Dios. Cuando tenía cuatro o cinco años me pasaba horas preguntándome cómo sería Dios; si estaría sonriendo un día concreto o si se sentiría triste; si dormía alguna vez; y si lo hacía, ¿cómo era de grande su cama? Conforme fui creciendo, mis preguntas se fueron haciendo más complejas, pero los pensamientos sobre la creación, la eternidad, la salvación y la naturaleza del bien y del mal siempre me rondaban por la mente.

Ahora estaba a punto de conocer a alguien que había hablado con Jesús de forma regular y a quien, quizá más que a ningún otro en la actualidad, se le podían haber revelado los misterios del futuro del universo. Quizá Segatashya me contaría secretos que el Señor había compartido con él sobre el cielo de los que no había hablado con nadie más. Todo era posible.

Pero no era solo la posibilidad de oír hablar del cielo lo que me hacía temblar delante de aquella oficina. Segatashya había sido uno de los mayores héroes de mi niñez. Me encantaba, porque era un perdedor y un paria, un chico pagano y analfabeto, arrancado de un campo de judías por Jesús, quien convirtió al joven pastor en un poderoso guerrero de Dios. Ese chico había aprendido del mismo Jesús a luchar por la justicia y a combatir a Satanás.

Segatashya había dedicado su infancia a extender la palabra de Dios para ayudar a llevar almas al cielo. Había realizado el trabajo de Dios en países peligrosos, debatido con sacerdotes y diplomáticos y aconsejado a obispos y a presidentes. Y todo eso sin haber aprendido a leer.

Era valiente, honesto, humilde, guapo y amable. Anhelaba ser bueno, odiaba hacer el mal y amaba a Dios por encima de todas las cosas. ¿Cómo podía no haberle admirado cuando era una niña pequeña? Y cada vez le admiraba más; cuanto más formación recibía, más apreciaba la enormidad de sus logros.

Pero, por encima de todo, quería conocer a Segatashya para que me dijera cómo era hablar con Jesús.

Entré en la oficina del sacerdote y le pregunté a la secretaria si podía hablar con Segatashya.

—Podrías haber hablado con él hace 5 minutos.

El corazón se me hundió y se me disparó a la vez. Acababa de perder una oportunidad de conocer a mi héroe… pero, gracias a Dios, ¡era verdad que Segatashya trabajaba en el campus!

—¿Estará aquí mañana? —pregunté, esperanzada.

—Es difícil de decir —me contestó—. Trabaja aquí solamente de vez en cuando. También trabaja en otras parroquias, y a veces ayuda en la biblioteca. Pero puedes dejarle una nota si quieres.

—Sí, ¡gracias! —sonreí, cogiendo el bolígrafo y el papel que me ofrecía. Empecé a redactar cuidadosamente una carta para mi vidente favorito. Me llevó tiempo, porque quería que tanto el contenido como la caligrafía fueran perfectas.

—No te extiendas mucho, querida —me dijo la secretaria—. Puede que ayude en la biblioteca, pero no sabe leer. Deja tu información de contacto, y se lo daré la próxima vez que venga.

—Es verdad, se me había olvidado —dije, y garabateé una nota en la que le decía a Segatashya que, si no era demasiado jaleo, me encantaría quedar con él para hablar un par de minutos. Le decía que mi residencia de estudiantes estaba muy cerca, que podía llamar a mi puerta día y noche a partir de las cinco de la tarde y que no le robaría mucho tiempo.

Por alguna razón, no esperaba que Segatashya apareciera, probablemente porque no quería emocionarme demasiado y luego decepcionarme. Pero a las cinco y un minuto de la tarde del día siguiente asomé la cabeza fuera de mi habitación… ¡y allí estaba! ¡Al final del pasillo, andado hacia mi habitación!

Si había creído que estaba nerviosa el día anterior, ahora estaba prácticamente hiperventilando.

En primer lugar, ¡no era un niño pequeño! Yo había guardado la imagen de un pastorcito en mi mente durante la última década, pero en esos años el niño pequeño había crecido y se había convertido en un hombre alto, hecho y derecho. No creo haber estado más intimidada por nadie en toda mi vida… Me sentí como si el mismo Jesús estuviera andando hacia mí.

El corazón me latía a toda velocidad y me mareé. Quería conocerle y, al mismo tiempo, me quería esconder. Me preguntaba si debía cerrar la puerta y acurrucarme en el armario hasta que se fuera, pero era demasiado tarde. El famoso vidente estaba frente a mí, y tenía la sonrisa más dulce que había visto en toda mi vida.

—Hola, Immaculée, soy Segatashya —dijo, con una voz más profunda y con mayor resonancia que la que yo recordaba de las cintas que escuchaba de niña, pero igual de amable.

—Ho-hola —tartamudeé. Nos saludamos con el abrazo tradicional ruandés, que no es realmente un abrazo, sino una especie de roce de los hombros.

Después nos miramos el uno al otro.

Tenía tantas cosas que decir… ¡Pero no podía encontrar las palabras! Me sonrió y ayudó a que me tranquilizara con sus modales suaves y sus ojos solícitos.

—Perdona —dijo una voz detrás de mí. Me había olvidado de que Marie estaba esperando conmigo en la habitación. Saludó a Segatashya, y yo creo que se dijeron algo más, pero no me acuerdo bien, porque estaba demasiado ocupada en recuperar mi propia voz. ¡Era incapaz de formar una sola frase!

Después de algunos minutos de un silencio incómodo, Segatashya dijo:

—Bueno, quería decirte hola en persona. Encantado de conocerte. Ahora tengo que irme. Pásate por la oficina a saludar cuando quieras…

Deseaba que se quedara más tiempo, ¿pero qué podía hacer? ¡Era completamente incapaz de articular una palabra! Gracias a Dios, hay una costumbre en la cultura ruandesa en la que el anfitrión acompaña a su invitado un trecho, cuando el invitado sale de su casa. Así que automáticamente empecé a andar con Segatashya hacia el extremo del campus.

Recé una oración a la Virgen María para que me soltara la lengua y, después de andar en silencio durante una eternidad, estuve lista para hablar. No había tiempo para exquisiteces, así que fui directamente al grano. Una vez que empecé, ya no podía parar.

—Perdóname —dije—. Sé que la gente debe preguntarte continuamente por las apariciones y que debe ser muy molesto, pero es para lo que quería verte. Quiero saber… bueno, ¡quiero saberlo todo!

Le conté lo que Kibeho significaba para mí, y cómo había estado siguiendo las apariciones y escuchando los mensajes desde que empezó todo. Sin esperar respuesta, le hice todas las preguntas que había estado almacenando durante años, por si un día hablaba con un vidente.

Pregunté los detalles más estúpidos: sobre la ropa que llevaba Jesús, o cómo se peinaba el pelo… Quería saber qué se sentía al estar tan cerca del Señor, cómo sonaba el timbre de su voz. ¿Se reía alguna vez o gastaba bromas? Y le hice preguntas más serias sobre los mensajes relativos al pecado y a la salvación y sobre todo lo que se me vino a la cabeza.

De pronto, me di cuenta de que estábamos casi fuera del campus y de que Segatashya había dejado de caminar. Respiré hondo y le pedí perdón por haber hablado sin parar.

Permaneció en silencio.

—Lo siento, Segatashya, debo parecerte una grosera por preguntarte tantas cosas… No te robaré más tiempo —dije, un poco alicaída.

—¡Oh, no, no! No te preocupes, Immaculée —contestó, con una cálida risa—. Entiendo perfectamente por qué tienes tantas preguntas y yo tendría las mismas si fuera tú. Me encanta hablar de Jesús y de sus mensajes. Simplemente, me estaba preguntando por dónde empezar.

—Bueno, podrías prestarme tus ojos un rato, si eso resulta más fácil. De ese modo, podría ver todo lo que tú has visto.

Se rio otra vez y empezó a responder algunas de las preguntas con las que yo le había estado acribillando desde que salimos.

—Empecemos por su apariencia —comenzó Segatashya—. Jesús es un hombre alto, quizá 1,80 o incluso más. Y es un hombre fuerte, como si hubiera pasado mucho tiempo haciendo trabajos físicos.

Aparenta tener treinta y muchos o cuarenta y pocos, y normalmente lleva una túnica larga y blanca. A veces, también lleva una especie de sotana roja o blanca. Le cae desde los hombros, como en la forma de vestir tradicional de un hombre ruandés.

Tiene barba. El pelo largo y oscuro le llega hasta los hombros. Y es un hombre muy guapo, con una cara madura que normalmente tiene una expresión seria.

Tiene los ojos muy dulces, pero su mirada es siempre firme. Es difícil describir su piel, porque no hay ningún color en la tierra con el que compararla. Es como bronce, como la piel de un hombre de Ruanda, pero no negra. Tiene la piel completamente lisa y vibrantemente viva. Le brilla como si el sol brillara desde dentro de su cuerpo.

Cuando miras al Señor a los ojos, percibes la gran ternura que emana de Él. A veces está muy triste. Cuando te mira, sabes con absoluta certeza que te ama y que se preocupa por ti. E incluso aunque parece joven, no tienes ninguna duda de que es el Rey de Reyes.

Immaculée, puedes sentir cómo irradia de Él su majestad… y si no fuera porque su gracia te mantiene sobre los pies, te caerías de boca en su presencia, sabiendo que no mereces estar ante Él. De hecho, una vez me dijo que si viniera ante mí en toda su gloria como Dios, no sobreviviría al poder y a la belleza que contemplaría.

Le vi a menudo, pero me resulta muy difícil describir lo que se siente al estar en su presencia. Todo lo que recuerdo con claridad es el amor, la luz y la majestad del Señor. Mirándole me sentía débil y a punto de desplomarme. Inspira grandeza, un respeto tremendo y el deseo de hacer cualquier cosa y todo por Él. Él es realmente el Camino, la Verdad y la Luz… Él es el Amor y la Vida en el sentido más puro.

Mientras escuchaba a Segatashya, sabía que el poder de sus palabras me mantendría despierta toda la noche. Le pedí a mi nuevo amigo que me describiera cómo se siente el amor de Dios. ¿Era como el amor de un padre o de un hermano?

En ese punto de nuestra conversación pude ver que Segatashya se compadecía de mí, que deseaba poder hacerme el regalo de ver lo que él veía cuando estaba con Jesús.

—Lo que necesitas saber es esto: Jesús nos conoce hasta las profundidades de nuestra alma, todos nuestros sueños y preocupaciones, todas nuestras esperanzas y temores, nuestra bondad y nuestra debilidad —me explicó—. Puede ver nuestras faltas y pecados y no hay nada que desee más que el que sanemos nuestros corazones y limpiemos nuestra alma, para que podamos amarle tan enormemente como Él nos ama a nosotros. Cuando nos envía sufrimientos, solo lo hace para fortalecer nuestro espíritu, para que seamos lo suficientemente fuertes para rechazar a Satanás, que quiere destruirnos, y así un día podamos disfrutar de su presencia por toda la eternidad.

Déjame que te lo explique de la siguiente manera, Immaculée: Cuando yo estaba con Él, nunca quería irme. Si me pidiera que me fuera con Él ahora mismo, abandonaría este mundo para siempre sin la menor sombra de duda. Estar cerca de Él es vivir en el amor; no se necesitan palabras. En su presencia, tu alma está en paz y eres feliz.

Tienes que saber que su amor es real, que es eterno, y que es nuestro si le amamos y hacemos su voluntad en la tierra. Invítale a tu corazón, y todas sus gracias serán tuyas. No te va a decir que no a nada. Si pudieras comprender una sola verdad en toda tu vida, debería ser esta: Jesús te ama.

¡Yo tenía tantas preguntas que hacer a Segatashya sobre las apariciones, sus mensajes y el tiempo que pasó con el Señor!... Pero era tarde, estaba anocheciendo, y tuvimos que despedirnos.

Volví a mi habitación, y él se marchó mientras el sol iba poniéndose. Dieciocho meses después, Ruanda estaba en ruinas. Más de un millón de personas habían sido masacradas, y casi todo el mundo al que quería o que me importaba había sido asesinado, incluido Segatashya.

Durante una aparición, doce años antes del genocidio, Jesús le había mostrado a Segatashya imágenes de casas en llamas y de gente cortada en pedazos por asesinos armados con machetes. El Señor le dijo que eso era lo que ocurriría si la gente seguía pecando y odiándose unos a otros. Segatashya sabía que el genocidio se acercaba, nos avisó y nos dijo que podíamos evitarlo amando a Dios, pero muchos no quisieron escuchar.

Cuando oí que Segatashya había muerto de un disparo realizado por un escuadrón de la muerte, lloré por él y lloré porque el mundo había perdido a un gran mensajero de Dios.

Era la voz de la verdad en un mundo demasiado amortajado por las mentiras y el engaño. Era una luz en la oscuridad que nos trajo mensajes de Dios. Si los escuchamos con el corazón abierto, pueden sacarnos de la oscuridad y llevarnos a Dios, que nos está esperando con los brazos abiertos. Los mensajes a los que Segatashya dedicó su vida pueden cambiar nuestros corazones y salvar nuestras almas, y si son seguidos por un número suficiente de personas, pueden sacar al mundo del abismo de la destrucción. Mi mayor esperanza al escribir este libro es que escuches los mensajes de Jesús enviados a través de Segatashya.

En mi corazón, siempre conoceré y amaré a Segatashya como «el chico que hablaba con Jesús».

Y ahora que tú también lo conoces un poco, espero que también le ames.

Agradecimientos

Gracias… a Dios, por el regalo de este libro y por hacer posibles todas las cosas; a María, por el amor maternal que nos da a cada uno; y a los amigos de todo el mundo que luchan por Kibeho.

Immaculée

Gracias a mi querida Immaculée; a Reid, Shannon, Jill, Tricia, Christy, Johanne, Carina y a todos las personas que han trabajado duramente en Hay House; y a mi querida esposa, Natasha, que siempre ha estado apoyándome.

Steve

Sobre los autores

IMMACULÉE ILIBAGIZA nació en Ruanda y estudió Ingeniería Mecánica y Electrónica en la Universidad Nacional. Perdió a la mayor parte de su familia en el genocidio de 1994. Cuatro años después emigró a Estados Unidos, a Nueva York. Es una conocida escritora y conferenciante. En 2007 fundó la *Left to Tell Charitable Fund*, una ONG para ayudar a los huérfanos ruandeses.

Realizó el doctorado en las universidades de Notre Dame y St. John. En 2007 recibió el premio *Mahatma Gandhi International* por su labor en favor de la reconciliación y la paz. Es autora, con Steve Erwin, de *Left to Tell* (*Sobrevivir para contarlo), Led by Faith (Mi viaje hacia el perdón)* y *Our Lady of Kibeho* (*Nuestra Señora de Kibeho*).

Para ayudar a conseguir lo que Nuestra Señora enseñó, que Kibeho llegara a ser como una Nueva Jerusalén —donde los pobres, los que sufren y los que tienen hambre de Dios puedan reunirse para alabar, consolar y ser curados en un altar y en una basílica— por favor, visita la fundación que Immaculée ha creado con esa finalidad en www.ourladyofkibeho.com.

Para saber lo que está haciendo, para ayudar a difundir los importantes mensajes de amor y esperanza de los videntes de Kibeho, incluyendo a Segatashya, visita su web personal: www.immaculee.com

STEVE ERWIN es un escritor y periodista nacido en Toronto. Trabaja en prensa y en medios audiovisuales. Desde que se trasladó a Estados Unidos en el año 2000, trabajó varios años como corresponsal en Nueva York de la *Canadian Broadcasting Corporation* y escribe para la revista *People*. Es coautor de los *bestsellers* publicados por el New York Times *Left To Tell y Led by Faith* con Immaculée Ilibagiza, así como de *Our Lady of Kibeho*. Es también coautor de *The Gift of Fire* (*El regalo del fuego*) con Dan Caro. Vive en Manhattan con su mujer, la periodista y autora Natasha Stoynoff.

Otros libros de Immaculée en Didacbook

Nuestra Señora de Kibeho

La fama de Kibeho, en Ruanda, crece poco a poco; hasta este remoto pueblo africano llegan cada vez más peregrinos de todo el mundo para honrar a la Madre del Verbo, que es como se dio a conocer la Virgen en las apariciones que tuvieron lugar en la década de los 80. Tras varios años de estudio por las autoridades eclesiásticas, la Iglesia católica reconoció oficialmente que Nuestra Señora nos visitó realmente en este lugar, las primeras de toda África. La afamada escritora Immaculée Ilibagiza nos cuenta de primera mano una historia maravillosa, y en ocasiones dura, que llegará a conmover profundamente el corazón de los lectores.

Más información en Amazon
y en **www.didacbook.com**

Otros libros de interés

¡¡Sáquennos de aquí

María Simma con Nicky Eltz

Prólogo de María Vallejo-Nágera

Como dice en el prólogo María Vallejo-Nágera, autora de Entre el cielo y la tierra. Historias curiosas sobre el purgatorio: "No se puede ni imaginar el pedazo de gema cuasi-periodística que tiene en este momento entre las manos, querido lector. Si lo supiera se saltaría mi prólogo de sopetón, pues nada de lo que yo pueda adelantarle puede reflejar la aventura espiritual y el descubrimiento sobrenatural que le espera entre las líneas de este magnífico ensayo sobre la realidad de la existencia del purgatorio".

Más información en Amazon
y en **www.didacbook.com**